中国金融软实力

金融强国新支撑

CHINA'S FINANCIAL
SOFT POWER

中国人民大学重阳金融研究院　编著

人民出版社

代　序

金融强国，首先需强大思想[*]

王　文

新中国成立 70 多年来，金融现代化的各项事业几乎从零起步，走过了从无到有、从有到多、从小到大、从中国走向世界的艰难而又不凡的进程。与金融研究相关的政策咨询机构或概称金融智库，也伴随着金融事业的壮大而发展。党的十八大以来，中国特色社会主义事业进入了新时代，金融智库也亟待进入高质量发展阶段。

---

[*] 本文作者为中国人民大学重阳金融研究院执行院长、中美人文交流研究中心执行主任、国务院参事室金融研究中心研究员、中国金融学会绿色金融专业委员会秘书长。本文刊于核心期刊《中国金融》2019 年第 15 期，原题为《中国金融智库，历史、进展与未来》。

新中国成立 70 年，中国金融智库进入新时代

1950 年 8 月，中国研究金融学规模最大的学术团体"中国金融学会"正式成立，标志着金融智库雏形在中国正式诞生。此后三十多年，全国范围内出现了一些地方金融学会以及零星的金融研究网络和早期奠基著作。如在 20 世纪 50 年代，中国人民大学财政系（后改名为"财政金融学院"）教师组织编写了新中国最早的财政金融学教材《货币信用学》、《财政学讲义》等，不仅奠定了新中国财政金融高等教育的基础，也为后来中国财政金融领域的咨政建言培养了一批顶级人才。但由于受"左"的思想干扰，在新中国早期，金融智库的建设与学者咨政的作用并未能得到充分发挥。

随着改革开放的开启，具有现代化特征的中国金融智库渐渐出现。1979 年中国金融学会召开第一次全国代表会议，修订章程，制定 1980—1985 年金融科学研究规划。同年，中国银行组建专门调研机构、也是商业银行最早的金融智库"中国银行国际金融研究所"。1977 年中国社会科学院组建，1981 年国务院发展研究中心成立，两家最重要的国家级智库均在各自二级机构设置金融研究分支或金融智库板块。1981 年 9 月，中国人民银行总行金融研究所研究生部正式成立，开始面向社会招收研究生。上百所大学也先后恢复或新建金融学院，越来越多学者在教学与学术研究之余，投身到中国金融发展的咨政建言中，尤其是"中国经济 50 人论坛"（1998 年）、"中国金融论坛"（2005 年）、"中国金融 40 人论坛"（2008 年）相继成立，中国金融学

者开始通过智库型网络平台，致力于前瞻、高端、专业、国际的金融理论与政策研究，极大促进了世纪之交的中国金融改革与金融事业的大发展。

2013 年初，习近平总书记就"中国特色新型智库"作出重要批示，并写入十八届三中全会《中共中央关于全面深化改革若干重大问题的决定》。此后，新型智库如雨春笋般纷纷建立。据不完全统计，过去六年来，新成立了省级和各大高校校级重点智库超过 300 家，新成立的自称"智库"机构就更多了。2015 年初，中办、国办印发《关于加强中国特色新型智库建设的指导意见》，第一次在中央顶层设计的层面规划与落实智库建设，也是第一次将智库建设上升到国家治理体系和治理能力现代化、国家软实力重要组成部分的战略高度来看待。

党的十八届三中全会以来中国金融事业全面深化改革与更高水平开放的新要求，以及中国特色新型智库的春风，给金融智库带来了重大的时代机遇。中国金融智库发展由此进入新时代。2014 年，在原有经济、金融学科发展的基础上，清华大学国家金融研究院、北京大学国家金融研究中心成立；2015 年，中国社会科学院多个金融实验室整合为"国家金融与发展实验室"，并被中央确定为国家首批高端智库之一。2015 年 4 月，在中国人民银行指导下，中国金融学会绿色金融专业委员会成立，成为中国研究网络最广、成员单位规模最大的绿色金融研究与智库机构，为构建中国绿色金融体系做出了巨大的贡献。2016 年 9 月，国务院参事室金融研究中心成立，每季度报送重大金融分析报告，成为最活跃的官方金融智库之一。2018 年 12 月，在部分智库的建言推动下，《金融信息服务管理规定》出台。此间，全国范围内还成立了一大批以金融战略、银行、货币、证券、保险、财富、普惠金融、农村金融、互联网金融等为名的金融研究机构或智库组织。大量关于金融改革、金融机构建设、国际金融形势、微观金融评估、定期金融数据分析等为主题的金融智库研究成果纷纷问世。笔者所在的中国人民大学重阳金融研究院也是在这个大背景下于2013年初成立，因建言进一步深化全球金融治理改革的2016年杭州G20峰会而获得飞速发展，并在宏观金融政策、大国关系、"一带一路"等领域获得国内外较高的认可度。

从金融全球化与大国新博弈的角度看中国金融智库

党的十九大报告中唯一一处提到"中国特色新型智库"是放在"第七部分　坚定文化自信，推动社会主义文化繁荣兴盛"的第一点"牢牢掌握意识形态工作领导权"的内容里。这折射出中央对智库建设与发展方向的深刻要求，也启发我们从金融全球化与大国新博弈的角度思考金融智库的现状与未来。总体来看，笔者对十八届三中全会以来的六年中国金融智库发展有如下看法：

第一，中国新增了不少活跃的金融智库，但仍急缺前瞻于国家发展的金融建言。2008年国际金融危机动摇了国人对美国金融模式的固有认识，对中国金融发展的思考不再仅局限于欧美国家的框架内。2010年，中国成为全球第二大经济体。中国应就国际金融危机做出怎样深刻的反思？中国应该给世界贡献怎样的金融方案与思想贡献？

什么是中国特色金融发展道路？互联网在中国普及，在支付、借贷、融资、保险、信托、消费领域都产生了不少新业态，应该采取怎么样的新政策？作为当前中国最优先的外交政策"一带一路"，"资金融通"如何才能实现？新时代下的金融如何满足中国人对美好生活的向往？人民币国际化该如何处理与美元霸权的关系？如何令资本市场服务于新一轮产业革命与经济转型升级？这些都是中国金融智库面临的重大研究议题，但中国金融智库提供的思想产品远远跟不上时代的需求，更鲜有引领中国经济崛起的前瞻性的建言。

第二，中国金融智库主办了不少有影响力的活动，但仍缺少全球级的金融智者。中国金融智库近年非常活跃，与许多国家的相关机构合办中外金融对话，在北京、上海、深圳等各大城市主办月度、季度的金融分析会，承办规模不一的各类金融名家讲坛，发布不少具有一定影响力的金融研究报告等，使金融研究呈现了空前的繁荣，也让过去较为高深晦涩的金融数据与著述走近寻常百姓。然而，面临人民币国际化的推进、金融风险的防范、国际金融中心的建设、国际货币体系的改革、各国金融市场的监管合作、全球金融形势的稳定与评估、金融政策的协调等，中国金融的话语权亟须提升，更需要有一呼百应、在国际社会与金融学界有充分号召力的金融智者。2009年，国际金融危机持续发酵，时任中国人民银行行长周小川发表了《关于改革国际货币体系的思考》一文，提出的以超主权货币改革国际金融体系的思想，引起了全球关注。类似这样案例当下实在是太少了。

第三，中国出现了一些享誉全球的金融智库学者，但中国金融智库仍需打造更大的全球号召力与思想品牌力。曾担任世界银行副行长兼首席经济学家的林毅夫、曾担任国际货币基金组织副总裁的朱民、曾担任国际商会 (ICC) 执董的张燕玲等，都在国内外具有重大的影响力，但中国金融智库仍未形成具有强大思想印记的思想品牌标识，诺贝尔经济学奖近年来多次授予金融学者，却从未重点青睐哪怕是关注中国学界，全球前沿的金融新思想均发源于欧美国家，中国智库还缺少诸如《反脆弱性》、《非对称性风险》、《21 世纪资本论》、"财政悬崖"、"灰犀牛"等大量名著或新概念来支持思想品牌，在每年达沃斯年会等重大平台上发布的金融与经济形势思想还鲜有中国智库的身影。相对之下，中国金融学者的社会美誉度仍不够，对时代变迁的深刻洞察力与总结力仍不太高。国内舆论仍流行着较浓烈的金融阴谋论逻辑，中国公民的金融理性仍未得到充分的培养。

第四，中央部委与各级政府与金融智库频繁互动，但智库在政策过程的良性传导机制中的定位与作用仍需要拓展。一个良性的政策传导进程包括前端的形势分析、宏观建议，中端的政策讨论、策略推演，后端的社会传播、效果反馈、执行修正等，智库均应在每个环节扮演相对重要的角色。就当下的金融政策而言，中国的金融智库仍只是在前端发力，重于形势评估与数据分析，中端环节往往限于政府内部与极少数的智库学者，无法揉入足够多的精英智慧，而后端的社会传播与效果反馈则往往被大众舆论所牵引。

当然，金融智库肯定不是完美无缺的研究产品创造者，也不可能是一国金融事业大发展的完全主导者。在政策制定者与行业从业者之间，金融智库的作用如何发挥始终仍是一个议而未定的问题。但是，优质金融思想的更多产生和传播，对一国金融事业的发展当然是有百利而无一害的。从这个角度看，中国金融智库的发展道路仍很漫长。

金融强国，首先要有强大的金融思想

早在 5000 多年前的古巴比伦，就有文字记载了跨期借贷的记录，说明金融历史之久远。俾斯麦曾讲，我从银行家那里得到的信息要比从外交官的报告更准确、更及时，说明金融影响之重要。然而，19 世纪下半叶，现代金融业（包括保险、证券、商业银行）才逐渐在西方兴起。20 世纪中叶，现代金融学科产生。2008 年国际金融危机又改变了许多人对以华尔街为中心的西方金融发展模式的看法。2019 年 2 月，中共中央政治局集体学习首次提到"中国特色金融发展道路"。由此看，金融数千年的缓慢发展历史，以及近百年来的金融学科进程，和近十年来的金融反思，为中国金融智库如何"特色发展"、"弯道超车"提供新的启示。

中国金融智库应聚焦中国本土实践，善于从中国文化、社会、习俗以及政治特性的角度重新解释中国金融发展的历史，回应包括米什金（Mishkin）、富兰克林·艾伦 (Franklin Allen)、道格拉斯·盖尔 (Douglas Gale) 等西方学者提出的"中国金融反例说"，重新诠释过去 70 多年尤其是改革开放以来中国金融演变的历程与逻辑，厘清金融在中国社会、文化及经济发展中的作用与地位，剖析中国金融体系与欧美国家之间的差异及相似之处。讲好中国金融故事，本身就是讲好中国故事不可或缺的一部分。

中国金融智库应结合中国经济现状，对目前存在的债务、房地产、资管产品等巨大风险隐患进行全景扫描，结合中国特色的政治架构、税收制度、监管体系、法律制度、新闻媒体、文化渊源甚至信仰习惯提出可行的金融建言与解决方案，让未来中国金融体系的市场化和资产的证券化真正成为经济增长与稳定的重要能力，更让中国金融真正促进社会平等、消除贫困、保障民生、健全法治，最终满足人民美好生活的向往作出应有的贡献。

中国金融智库应瞄准全球未来趋势，对存量资源调整、风险流动和财富分享机制等三大提升金融市场深厚生命力与竞争力的动力源做长远的推演与评估，找到中国未来防范金融风险、助推中国金融更高水平开放的解决办法，在全球金融治理改革的进程中提升中国金融话语权，打通知识界、行业界与监管界的信息不对称，还需要在人才培养、制度变革做足建言文章，真正使中国金融为未来国家发展与全球治理提供更多中国智慧。

综观美国、英国、日本的历史，任何一个经济体在从小到大的迅速成长过程中，无不体现着金融这个存量资源配置和风险配置平台的重要作用。经过 70 多年的发展，中国已是金融大国，但通往金融强国之路仍远且长，尤其是在当前经济下行压力陡增的大背景下，如何尽快帮助决策层解决包括金融监管体系尚不够成熟、金融乱象和金融腐败等时有发生的问题，防控金融风险、维护金融安全、推动金融开放、深化金融改革、强化金融合作、完善全球治理，需要有足够强大的、支撑大国持续崛起的思想，对此，中国金融智库须有所作为，且正当其时。

目　录

打造中国软实力

时代变局

世界的另一种可能：文明伙伴关系

[导读] 本文探讨了非西方文明影响日益增长引起的国际关系和全球政治的大规模改变和转型。作者分析了福山和亨廷顿的构想对未来政治发展的意义，并证明福山的构想导致了单中心世界秩序的形成，而亨廷顿的构想则拥护多中心世界和多文明世界秩序。作者认为，不同文明的主导国家是现代世界政治中的关键行为体；结论是，非西方文明的兴起需要对联合国和其他国际组织进行彻底的改革，而这些改革必须考虑当今世界所有地方文明的利益，并提出了以文明原则为基础建立联合国安理会组织的模式。

现代世界正在发生迅速而彻底的变化。"不久"前，美国才庆祝了冷战的"最终"胜利，西方意识形态学家宣告了"历史的终结"，宣称一个单中心，单极自由民主世界的时代已经到来。可这明显不是现实。正如阿诺德·汤因比和塞缪尔·亨廷顿曾预测的，在世界政治舞台上，非西方文明的出现带来了国际关系体系、全球政治乃至国际组织层面的重大变化。

作为政治现实的文明

在西方主宰的现代世界，政治或经济主体是否能够算是具有普遍价值的地域文明，其主要评判标准只在它和西方自由民主的"基准"有多接近。可是，现代西方只是许多现存文明中的两个（欧洲文明和北美文明），它们的"永恒领导"和"永恒统治"并无根据。这也是为什么汤因比和亨廷顿在绝大多数西方思想家和政治家眼中，都已经"过时"的原因——原因只在他们认为世界政治中有不止一个（西方）文明。

现代世界中，大多数国际区域政治和经济组织是建立在文明的基础上的，比如，欧洲联盟——欧洲文明国家、北美自由贸易协定——北美文明国家、北约组织和七国集团——西方（北美和欧洲）文明国家、南锥体共同市场——拉丁美洲文明国家、欧亚经济共同体——欧亚（斯拉夫—土耳其）文明国家、伊斯兰会议组织——伊斯兰文明国家、非洲联盟——非洲文明国家，等等（金砖国家、上海合作组织、二十国集团不是地区性组织，而是地区间多文明国际组织，它们依赖地区政治和经济联盟）。文化—文明背景的相似性，让各个国家更容易同意并形成一个稳定和有效的地区性组织。

这方面的反面例子，如巴拉克·奥巴马领导下的美国希望建立跨太平洋伙伴关系，但很困难，因为其中的国家属于不同文明，要把它们团结起来结成经济或政治联盟，各国之间容易产生非常强烈的矛盾，不仅是因为政治和经济，也是因为不同的文化和历史传统，不同的取向、价值观和愿望。

英国一直在欧洲和欧盟占据着特殊的地位，但它不属于欧洲大陆文明，它与它的前殖民地——美国、加拿大、澳大利亚——在文化和历史背景上有着牢固的联系。回顾 200 年前，我们可以清楚地看到，北美文明诞生于门罗主义——"美国人的美国"，当时美国试图从美国想要统治的美洲大陆驱逐英国和其他欧洲国家。美国总统伍德罗·威尔逊发起的争取国家自决权的斗争是美国旨在瓦解大英殖民帝国政策的延续，这点后来也体现在联合国的创立上。但大英殖民帝国崩溃后，英国成为"永不沉没的航空母舰"和美国在欧洲的主要盟友，这再次证实了美英联盟的文明本质。而美国成为北美和盎格鲁—撒克逊这两个密切相关的文明的领导人。

从这个角度来看，美国和英国在许多问题上的结盟，以及英国脱欧都似乎并不是一个意外，因为它证实了美英之间融合的强烈愿望，而不是与欧洲大陆文明融合。唐纳德·特朗普希望在美国和墨西哥之间建造一堵墙，这似乎并不像是一个奢侈的亿万富翁的心血来潮——这是北美自由贸易协定内部和美国自身内部文明间摩擦的表现，是一种试图回到除美国和英国之外包括加拿大、澳大利亚和新西兰在内的盎格鲁—撒克逊文明的尝试。因此，从我们的角度来看，我们可以谈论北美文明的形成，其中包括美国、加拿大和北美的一些拉丁美洲国家，但要考虑到这一形成的核心是在大英殖民帝国内开始形成的盎格鲁—撒克逊文明，而现在它的领导人是美国。而且，投票支持特朗普的大多数美国人并非偶然是美国"沉默的多数"——白人盎格鲁—撒克逊新教徒（**WASP**），他们团结在特朗普周围，反对美国少数群体价值观：非裔美国人、"拉美人"等。

至于俄罗斯，它从来不属于西欧或盎格鲁—撒克逊文明，许多世纪以来，它形成了斯拉夫—土耳其（欧亚）文明。弗尔南多·布劳德尔指出，俄罗斯"唯一的倾向是作为一个独立的世界经济，用自己的联系网络把自己从欧洲组织里出来"（布劳德尔，1992：455）。俄罗斯既不属于西方，也不属于东方类型的文明，俄罗斯是北方的文明。门捷列夫 100 多年前就描述过此事。俄罗斯的世界经济在很大程度上是由北方（寒冷）的性质决定的，因为其领土的很大一部分是永久冻土区，俄罗斯最长的边界是与北冰洋的边界。

阿诺德·汤因比指出："俄罗斯是全球非西方大多数人类的一部分。"他的下一句话非常贴切："虽然俄国人曾经是基督徒且许多人依然是，但他们从来不属于西方基督教。俄罗斯不是通过罗马皈依基督教，例如英国，而是通过君士坦丁堡；尽管东正教和西方基督教有着共同的基督教根源，但它们总是彼此疏远、反感和经常敌对，不幸的是，我们仍然能从俄罗斯与西方的关系中观察到这一点，尽管双方都处于其历史的所谓后基督教阶段。"（汤因比，1996：157）因此，不足为奇的是，尽管俄罗斯自由派和西方人都全力试图宣布俄罗斯为欧洲国家，但它永远不能"适应"欧洲，并将欧洲（西方）价值观接受为自己的价值观。对于美国和欧洲来说，俄罗斯总是并将是"异己的"，它们有着不同的文明发展原型，尽管在文化以及基础和应用科学方面，欧美对俄罗斯来说并不陌生。

俄罗斯在 20 世纪 90 年代以任何代价"成为西方"的灾难性努力、乃至乌克兰更加悲惨的"成为欧洲"的尝试，同样证明了这一点。如果在哈里奇丹尼尔王子（13 世纪）时期的文明计划中——这位王子从教皇手中获得王冠，并促成天主教在他的公国的传播——西乌克兰是面向欧洲，那么东部和南部乌克兰就是面向俄罗斯，面向欧亚文明。这是因为乌克兰东部和南部不接受天主教，但保留了东正教的选择。另一位俄罗斯王子亚历山大·内夫斯基与加利西亚的丹尼尔同时做出了类似的选择，当时他服从了部落，但没有把东正教换成另一种宗教。在不久的将来，尽管今天的乌克兰动用了所有的宣传和 24 小时的洗脑，但对此无能为力。

反对文明理论最常见的论点是属于同一文明的国家之间的斗争，而且这种斗争通常还很激烈。例如，法国和德国为欧洲的首要地位而进行的长期斗争，甚至伊斯兰世界中逊尼派和什叶派之间的更长时间的冲突。但如果仔细观察，就会发现，每一次的斗争都是为了谁来统治这个文明，即"谁是房子的主人"。因此，法国和德国——查理曼帝国崩溃后形成的最大和最强大的国家，在七年战争、拿破仑战争、第一次和第二次世界大战期间，为争夺在欧洲的优势地位斗争了长达几个世纪。现在由沙特阿拉伯（在较小程度上是埃及）领导的逊尼派和由伊朗领导的什叶派正在为控制伊斯兰世界而斗争，以便领导伊斯兰世界为自己的利益采取行动。

在这里，有一个相当重要的现象，它在文明方式中没有得到充分的报道，甚至尼古拉·达尼列夫斯基、奥斯瓦尔德·斯彭格勒、阿诺德·汤因比和塞缪尔·亨廷顿等人的经典著作中也未提及。事实是，过去和现在的每一个文明都由一个或两个最强大的国家在政治和经济上代表着，这些国家要么领导文明，要么几乎与文明重合。亨廷顿称这些国家是对应文明的"核心"。对于20世纪和21世纪的现代欧洲文明来说，它是德国；在18世纪和19世纪，这样一个"核心"国家是法国，相应地，对于盎格鲁—撒克逊和北美文明是美国（整个19世纪和20世纪上半叶，英国和美国也在盎格鲁—撒克逊文明内部进行了长期而顽强的主导权斗争），对于儒家文明是中国（这里的国家和文明几乎是一致的），对于印度文明是印度（同样地，国家和文明几乎是相同的），对于欧亚文明是俄罗斯，对于拉丁美洲的文明是巴西，对于伊斯兰文明是沙特阿拉伯、埃及和伊朗，对于非洲文明是南非和尼日利亚。

就日本而言，文明和国家是一致的，但它在许多问题上被迫跟随美国，从而它遵循北美文明。但在《文明的冲突?》中，亨廷顿指出"日美关系日益复杂"，并强调：很难想象有两个（比日本和美国）在基本价值观、态度和行为上相距更远的社会。美国与欧洲的经济分歧同样严重，但它们并不那么具有政治象征意义和情感色彩，因为美国和欧洲文化之间的矛盾比美国和日本文明之间的矛盾要少得多（亨廷顿，1994：39—40）。

现代世界的每一个文明都以一个或两个或三个领先国家为代表，它们是世界政治的主要主体，即它们是亨廷顿所说的"核心国家"。

谁是对的——福山还是亨廷顿？

福山和亨廷顿，这两位美国人哪一位更接近真理，谁更准确地预测了世界的政治发展——特别是：福山本人在不放弃"全球自由主义"的同时，基本上承认了错误的事实。但并非一切都如此简单和明确，福山和亨廷顿分析了世界将是什么样的——要么是一个单中心的世界，由西方（更准确地说，由盎格鲁—撒克逊）文明主导，要么就是多中心（多极）和多文明的。在后一种情况下，不应实行一个文明的专政，而应采取不同文明的伙伴关系，在这种关系中，尽管经济和政治发展水平不同，但应考虑到不同文化、文明、国家的利益和价值观。因此，福山和亨廷顿概念的"冲突"不仅是过去，也是现在，在某种程度上也是国际社会的未来。在这方面，让我们再次谈谈概念和意识形态的一些关键规定。

弗朗西斯·福山在21世纪之交看到的世界是"西方的胜利"。"我们可能目睹的不仅仅是冷战的结束或下一个战后历史时期，而是历史的结束，人类意识形态演变的完成和西方自由民主作为政府最终形式的普遍化。"（福山，1990：134）人类历史与其的冲突是基于"矛盾"的存在：这里是古代人的认可欲望、主人和奴隶的辩证法、自然的转化和对自然的掌握、争取普遍权利的斗争以及无产阶级和资本家之间的二分法。在普遍状态下，一切矛盾得到解决，一切需要得到满足。没有斗争，没有严重的冲突，所以不需要将军和政治家；但剩下的主要是经济活动。（福山，1990：135）

福山认为世界的进一步发展将在一个西方文明的充分政治、经济和意识形态霸权及其以美国形式的"最高"化身下发生。所有其他文明和国家都应该在"主权"和"霸权"的指挥下，尽职尽责地排队和前进。特朗普在没有隐瞒"美国在世界上的领导地位"这一真实背景的情况下，于2017年在联合国第72届大会上宣布美国的利益高于一切，这并不是偶然的。历史上，美国人始终认为美国是一个"被选择的"国家，其使命是为所有误入歧途的和生活"错误"的人们带来自由之光，这不是巧合。美国人深信美国是一座"山上闪闪发光的城堡"。此外，据福山说，美国的使命最终必须是一个"普世的"国家，其中不会有矛盾或冲突，将军或政治家，而是"主要是经济活动"。

纵观现代世界，被最深层次的矛盾所困扰，纵观美国，社会和精英阶层之间的分歧深远，并且自20世纪70年代以来，90%的美国人的实际收入不仅没有增长，甚至下降了（只有10%的最富有的人的收入增长了，占人口的0.1%的"最上层"阶层的超级收入却急剧增加了）（Vesti Economics, 2017）。在这个世界上，将军和政治家发动了无数的军事冲突，数百万人正在死亡——福山的预言给人的印象是如此的谵妄和毫无科学根据的假设。

没有人比福山更好地制定了美国精英的珍贵梦想——在思想上、政治上和经济上征服所有国家和各国人民，在美国的外表和肖像中创造一个"普遍的人类国家"。这个梦想并没有被抛弃，而且，小布什、奥巴马和特朗普都在以自己的方式，致力于"让童话故事发生"。为了这个梦想，可以血流成河，用一个没有矛盾和冲突的未来"普遍人类状态"来证明一切。因此，当前的战争、革命和冲突与福山的"历

史终结"并不矛盾——这是他为实现自己的思想而进行的斗争。真正
与"历史的终结"相矛盾的是"非西方文明的风暴崛起"，以及"各
国人民从中东、非洲和墨西哥向欧洲和美国的大规模移徙"，这造成
了一场无法解决的"移民危机"，以及人民的身份及其文化和精神基
础的丧失。事实上，乌托邦总是变成反乌托邦，几千年来所有征服者
都试图建立所谓的"普世国家"，而这变成了人类的巨大伤亡，成为
另一个"蚁丘"或巴别塔。

1993 年，哈佛大学战略研究所所长塞缪尔·亨廷顿在文章《文
明的冲突》中对福山关于"历史的终结"的观点做了答复。后来，他
在重要著作《文明的冲突与世界秩序的重建》中发展了自己的思想，
致力研究在世界社会主义制度被破坏和冷战结束后的世界。亨廷顿与
福山相比得出了完全相反的结论，声称没有"历史的终结"，西方"自
由民主"模式在世界各地的胜利是不可能的。在他的著作中，他认为：
"在一个新的时代，文明的冲突对世界和平构成最大的威胁，基于文
明的国际秩序是防止世界大战的最可靠措施。"（亨廷顿，2003：532）
世界在 21 世纪初发生的事件充分证实了这位杰出的美国政治学家的
这一预测。

他还写道："随着冷战的结束，国际政治发展的西方阶段即将结
束。中心促进西方和非西方文明之间的互动。在这个新的阶段，非西
方文明的人民和政府不再作为历史的对象——西方殖民政策的目标，
他们与西方一起开始行动和创造历史本身。冷战时期，世界分为'第
一'、'第二'和'第三'世界。但这样的划分却失去了意义。它并非
更适合于以政治或经济制度为基础、或以经济发展水平为基础给国

家分类，而更适合于以文化和文明标准为基础划分国家。"（亨廷顿，1994：34）

由于亨廷顿的结论和预测直接违背了美国和其他西方国家精英的利益，他的概念从一开始就受到了激烈的攻击。反对亨廷顿概念的论据通常是全球化，以及属于同一文明的国家之间的战争。关于全球化进程，亨廷顿本人表明，这些进程加强甚至激发了文明认同的增长，以及文明之间的矛盾和冲突。我们还可以补充一点，全球化促进了非西方文明的经济和政治崛起。关于同一种文明国家之间的战争，我们上面已经作过评论：这种论点不是对亨廷顿概念的驳斥，而是对亨廷顿概念的具体化，是该文明"核心"国家之间为争取统治而进行的斗争。

亨廷顿并没有真正注意到的是由于"移民危机"而引发的"文明冲突"，这种冲突不仅在国际舞台上发生，而且在个别国家，包括欧盟国家和美国内部都有发生。换句话说，属于其他文明的移民来到西方国家，他们以及他们的后代在文明、文化、价值论的基础上不可避免地面临与当地居民的矛盾。这导致恐怖主义行为和无休止的"安静战争"，任何宽容或任何多元文化主义政策都无法阻止这一行为。但这并非是再次对亨廷顿概念的反对，而只是对其进行补充和说明。

结果，亨廷顿以自己的例子再次证明了这句话的正确性："在他的祖国中没有先知！"他针对西方国家与伊斯兰文明以及与中国（可能还会加上：与俄罗斯）发生冲突的所有警告，都证明"西方是独特的，而不是普遍的"，是徒劳的。入侵阿富汗、伊拉克战争、利比亚战争、叙利亚战争、乌克兰战争、与俄罗斯新的冷战、朝鲜半岛的冲突、试图削弱中国的努力——所有这些，还有一些其他的，都是亨廷顿警告的"文明冲突"的表现。不屈不挠的西方值得更好地实施福山战略，而不是亨廷顿战略。这种坚持的成果和未来的结果我们已然看到。

联合国转型与多文明世界

联合国并没起到预防和调节国际冲突这一职能，迫切需要改革，对此已经讨论了很长时间。这并不偶然，因为联合国是基于旨在摧毁殖民帝国的"国家自决权"的口号下成立的。仅有 50 个国家参与了联合国的创建，但现在联合国联合起来了 193 个国家，拥有 13 亿人口的印度和拥有数千名居民的许多国家都享有平等的权利。自然而然地，经济不发达的小国很容易陷入对西方发达国家的政治和经济依赖。

因此，有意义的不是谈论联合国改革，而是谈论联合国如何转变成一个新的、真正有效的国际组织。只有考虑新兴世界秩序的多文明性质以及非西方文明——中国、印度、俄罗斯、拉丁美洲、伊斯兰世界、非洲的日益增长的作用，才能做到这一点。尽管美国和其他西方国家希望不惜一切代价维护和加强其霸权，但新的国际平台和组织正在兴起并迅速发展，属于非西方文明的领先国家正在积极互动。正是在这些文明间组织（金砖国家组织、上海合作组织）和这些平台（二十国集团）中，形成了世界政治和世界经济的新议程。一个例子就是非区域性的，而是本质上全球性的"一带一路"倡议，它不仅具有经济意义，而且具有重要的地缘政治意义。该倡议旨在连接中国、欧亚（俄罗斯、哈萨克斯坦、其他中亚国家）、欧洲（欧盟国家）、伊斯兰（中东）和非洲文明。

第一次世界大战后，建立了国际联盟，它最初是大英帝国的政策工具，并且最终证明效率低下，无法阻止第二次世界大战。在这个组织中没有否决权，国际联盟的发起者美国也没有加入国际联盟，因为它不想服从大不列颠的命令，苏联也于 1939 年退出。这要求创建联合国时考虑变化的世界的现实和新的力量平衡。现在，世界秩序和力量平衡正再次发生着根本的变化，这些变化也在推动联合国的变化。

但是，联合国是否有能力进行根本性的改变，不是为了一个超级大国的利益，而是为了非西方文明所代表的大多数人类的利益？这是一个大问题。当然，简单地摧毁联合国而不尝试进行改革是不明智的。然而，企图将联合国变成一个文明社会，而不是由近 200 个国家组成的团体，而且这其中绝大多数国家没有真正的主权，被迫屈从于几个最强大的大国（通常是一个超级大国），显然具有极大的困难。

在我们经历的这个转折点上，我们首先需要建立对话，然后是真正的文明伙伴关系，以防止它们发生冲突（后者对包括美国在内的每个国家来说都是灾难性的）。有必要根据国家对特定文明的归属来改革联合国。根据《联合国宪章》第二十四条，目前的联合国安理会主要负责维护国际和平与安全，由五个常任理事国（美国、俄罗斯、中国、英国、法国）和十个由联合国大会选举出来并任期两年的非常任理事国组成。同时，联合国安理会十个非常任理事国，基于相同的原则，会在人口数亿甚至十亿以上的国家和人口几千的国家中以平等的背景选出。

这就导致了这样一种局面，要求在确保全人类的安全方面发挥决定性作用的安理会实际上只代表了世界人口的三分之一。而且，现在联合国安理会可以由世界上 20 个最大的经济体国家和在经济总量上排在 200 个国家末尾的国家代表。这绝对是不公平的，表明联合国安理会不代表我们这个星球上大多数人口的利益，也不代表发展最快的经济体的利益。在具有决定性否决权的安全理事会常任理事国中，西方文明（五分之三）的代表过多，仅有两个非西方文明（俄罗斯和中国）代表了世界上绝大多数人口，这也不符合现代现实。但最主要的是，美国正试图通过贿赂和恐吓贫穷国家，无视大多数人的根本利益来操纵联合国以使自己受益。

理解文明在近代和未来世界中的关键作用，可以提出这样的一项建议，即以文明原则为基础建立联合国安理会组织，并在安全理事会中建立八个文明团体，每个团体中包括三名来自现代世界中存在的主要文明的代表。同时，只给代表这个文明团体利益的一个"核心"国家以"否决权"是合理的，而该团体的其他成员将有权投票，但没有"否决权"。所有其他国家／地区都可以根据其宗教和文化偏好自愿加入特定的文明团体。

盎格鲁—撒克逊文明团体可以由美国、英国和加拿大或澳大利亚代表，欧洲可以由德国、法国和意大利或波兰代表。巴西、墨西哥和阿根廷可以代表拉丁美洲文明。中国和印度可以根据自己的文明和其他背景，在自己的文明群体中选择与之接近的国家（例如，中国—泰国和新加坡、印度—斯里兰卡、尼泊尔或越南）。非洲文明可以由南非、尼日利亚和非洲联盟提名的大国来代表。

欧亚、日本和伊斯兰文明使情况更加复杂。显然，欧亚（斯拉夫—突厥）文明的主要国家是俄罗斯，它必须代表欧亚文明团体。至于其他那些连同俄罗斯一样应该代表这个团体的国家，存在着一些可能的选择，包括那些现在看来是外来文明的和难以置信的。因此，尽管日本在文明上绝对远离西方国家，但目前它与西方国家毗邻。亨廷顿对日本的描述如下："日本在西方世界中取得了独特的地位：在某些方面，它是西方国家之一，但在最重要的方面肯定与西方国家有所不同。"（亨廷顿，1994：45）因此，对于日本来说，看起来可能是矛盾的，摆脱这种局面的最好方法就是加入欧亚文明。欧亚文明与日本文明虽然没有联系，但在经济、自然气候和科学技术方面却可以完美地互补。

就人口和经济潜力而言，俄罗斯和日本实际上是平等的国家，因此这将是"平等的联盟"。然而，到目前为止，由于美国对日本施加的巨大压力，这种观点是有问题的。但是在将来，许多事情可能会改变，尤其是自2016年俄罗斯总统普京和日本首相安倍晋三努力在远东地区的发展中建立了俄罗斯和日本之间的密切合作之后。另外，朝鲜局势的恶化将不可避免地迫使日本在政治领域与俄罗斯进行更紧密的合作。

可以加入欧亚文明团体的另一个国家是土耳其，它在正式意义上属于伊斯兰文明，但同时也是古代突厥文明的代表。亨廷顿在他的文章中写道："苏联的崩溃在土耳其面前提供了一个独特的机会，使其成为包括从希腊沿海到中国在内的七个国家的复兴的突厥文明的领导者。"（亨廷顿 1994：44）但是土耳其人的很大一部分生活在俄罗斯联邦以及与俄罗斯结盟的中亚国家的领土上，因此，土耳其加入欧亚（斯拉夫—突厥）文明团体将是一个完全自然的过程，这将大大提高土耳其在现代世界中的重要性。

另一方面，土耳其与阿拉伯国家之间的关系并不好，后者担心新奥斯曼主义的复兴。土耳其与什叶派伊朗之间的关系也十分紧张。因此，从对地区进程的影响的角度来看，与俄罗斯和日本一起加入欧亚文明团体是土耳其的最佳解决方案。如果欧亚文明联盟成为现实，那将是俄罗斯外交和俄罗斯对外政策的辉煌胜利。

第八个文明团体应由伊斯兰国家组成，分为什叶派或逊尼派占多数的国家。因此，这个文明团体必须包括伊朗——最古老的文明和最大的什叶派国家，以及埃及——最古老的文明，逊尼派同时也是阿拉伯世界的最大代表。伊斯兰文明集团的主要核心成员可以是印度尼西亚，它是按人口和经济实力衡量的最大伊斯兰国，就其 GDP 而言，它居世界第 8 位。通过联合国安理会这样一个由八个文明国家组成的常驻代表组织，它将代表全球 75 亿人口（即人类的近四分之三）中的 55 亿人。

当然，联合国及其安理会的这种根本性变革不可能顺利进行，也不可能会没有冲突。第一次世界大战后成立的国际联盟就未能顺利地转变为联合国。同时，没有国际联盟，就不会有联合国。美国和其他西方国家很可能不仅会在文明基础上反对联合国的转型，而且还将尝试进行其对联合国的"改革"，将俄罗斯、中国、伊朗、古巴、玻利维亚、委内瑞拉、尼加拉瓜、朝鲜以及所有其他不利于他们的国家和文明孤立。在这种情况下，迟早有必要建立一个替代联合国的国际组织，同时尽可能防止美国试图完全"粉碎"联合国本身。

金砖国家、上海合作组织和二十国集团只是这种未来国际组织的原型，它们展示了依靠文明价值和文化不仅可以共存，而且可以成功发展的可能性。从经济上来说，金砖国家和上海合作组织中最强大的国家是中国，但就军事政治而言，俄罗斯联邦的实力更大，其军事实力和核潜能并不逊于美国。印度和巴基斯坦加入上海合作组织的重要事实表明，即使是属于不同传统敌对文明国家的国家也可以进行谈判并成为伙伴。首先，可以在金砖国家的基础上成立非西方文明联盟，接纳作为伊斯兰文明代表的印度尼西亚、伊朗和埃及，并以这些文明的其他代表来作为其他文明核心国家的补充。如果成立了这样的非西方文明联盟，并且它们作为反对西方霸权的统一战线，那么将来有可能将两个西方文明（盎格鲁—撒克逊人和欧洲）与非西方文明联盟团结起来在多中心世界中将文明融合为不同文明的统一体。

如果将来不能在文明基础上改革联合国安理会，那么从在联合国框架内形成文明对话和伙伴关系开始也是有意义的。安理会应包括可以代表上述国家的八个文明团体。文明对话与伙伴关系委员会不必重复联合国安理会的职能，而应先扮演重要的咨询机构，然后再是战略决策机构。因此，存在多种方式来改革前者或创建一个新的国际组织，该组织将在文明的基础上运作，从而与现代世界的现实相对应。

在中国哲学中，有一个和谐的象征——神圣的八边形八卦，它由八个角组成，分别对应于世界的八个部分（北、南、东、西、东北、西北、东南、西南）。根据中国哲学，八卦的八个角是原始宇宙发生的公式和和谐的象征，代表着存在的基本原理。令人惊讶的是，这些中国哲学和宇宙学符号完全符合世界现代文明的图景。

总结

最后，让我们再次回到开始的陈述：在我们瞬息万变的世界中，今天看起来是不可能的和难以置信的在明天就成了现实。重要的是要正确理解全球政治发展的动力，并及时提出对于未来的想法，不仅要牢记今天，而且要牢记明天和后天。

（亚历山大·艾瓦佐夫（Alexander A. Aivazov）：奥尔洛夫斯基国立大学阿尔莉卡和康德拉吉耶夫国际经济周期研究中心主任、经济学家、政治学家；弗拉基米尔·潘京（Vladimir I. Pantin.）：俄罗斯科学院世界经济与国际关系研究所高级研究员）

参考文献

[1] Akaev, A.A., "Evrazijskij Soyuz i Vozrozhdenie Rossii", *Geopolitika i Bezopasnost* ["Eurasian Union and the Revival of Russia", *Geopolitics and Security*, Евразийский Союзивозрождение России], No. 4 （2012）, pp. 15–21.

［2］ Akaev, A.A., "Perspektivy razvitiya stran BRIKS v kontekste mirovoj dinamiki", *Partnerstvo civilizacij* ["Prospects for the Development of the BRICS Countries in the Context of World Dynamics. Partnership of Civilizations"], No.3 (2014), pp.12–27.

［3］ Brodel, F., "Vremya mira", *Materialnaya civilizaciya, ekonomika i kapitalizm, XV–XVIII vv.* ["Time of Peace, Material Civilization, Economics and Capitalism, XV–XVIII centuries"], Volume 3, M. : Progress, 1992.

［4］ Vesti Economy, "Lopnet li puzyr amerikanskogo dolga?" [Will the Bubble of American Debt Burst?], 2017, URL: http://www.vestifinance.ru/articles/86046.

［5］ Dostoevskij, F. M. , *Bratya Karamazovy* [*The Brothers Karamazov*] Book 1.M.: Publishing house AST, 2003.

［6］ Kuzyk, B.N., Yakovec, Yu, V. , "Civilizacii: teoriya, istoriya, dialog, budushee", *Teoriya i istoriya civilizacij* ["Civilizations: Theory, History, Dialogue, Future", *Theory and History of Civilizations*], Vol. 1, M.: Institute of Economic Strategies, 2006.

［7］ Tojnbi, A. Dzh, *Civilizaciya pered sudom istorii* [*Civilization Before the Court of History*], M.: Progress–Culture, 1996.

［8］ Fukuyama, F., *The End of History*? Voprosy filosofii3, 1990, pp.134–155.

［9］ Huntington, S., *The Clash of Civilizations*? Polis. Political Studies 1, 1994, pp.33–49.

［10］ Huntington, S., *The Clash of Civilizations*, M.: Publishing house AST, 2003.

全球化、世界失衡与全球治理再平衡

[导读] 疫情将时代划分成两个世界。当下，全球经济受到重创，失衡加剧，震荡成为常态。大国之间竞争日趋激烈，第二次世界大战后建立的国际体系、全球治理体系摇摇欲坠，与全球公共卫生危机、能源安全、气候变化、网络安全等非传统安全挑战叠加，加之航天、5G、生物科技、人工智能等高科技领域的新趋势，全世界处于"百年未有之大变局"。在此颠覆性危机时刻，中国发展依然处于艰难的爬坡期。

托马斯·佛利德曼，《世界是平的》一书的作者，说，新冠肺炎疫情是历史的分水岭，它把世界分为"疫情前和疫情后两个世界"。

在"疫情后"世界里，人们过去熟悉的参照物都不复存在：全球化全面倒退，大家习以为常的人员、资源、贸易、投资、信息的全球自由流动不再，新全球化或者"有限的全球化"时代再次来临；世界经济遭受重创，持续下行压力不减，全球供应链和生产链断裂，面临重组重构，各国央行"无限宽松"和负利率给资本市场带来更多金融风险；全球治理架构、机制与疫情后的世界现实严重脱节，治理碎片化和无政府状态日趋严重，无力应对各种全球挑战：诸如新冠肺炎疫情全球公共卫生危机、能源安全、气候变化、网络安全等非传统安全挑战上升，与军事冲突等传统安全威胁并驾齐驱；世界力量持续失衡，大国战略竞争更加尖锐，地缘政治意识形态色彩浓厚，航天、5G、生物科技、人工智能等高科技领域竞争日趋激烈。虽然核威慑可以排除大国间的大规模战争，但大国有限冲突或者被第三方拖入战争的可能性不能完全排除。

2020 年新冠肺炎疫情为世界按下的"休克"暂停键，也为世界按下了变革的加速键，世界在第二次世界大战后形成新平衡后渐渐积累的问题在这个时刻加速度地迸发出来。如同历史上的重大战争和世界性的金融经济危机，这次全方位、空前的冲击对世界政治、经济和全球化，对人们的生产和生活方式，特别是人们对疫情后的世界以及如何有效治理新世界的认知都产生了重大影响。中国和全世界一起正面临着同样的严峻的挑战。

过去未去，未来已来。在新旧世界交替、过去、现实和未来相互纠缠的时代，动荡和危机是常态，力量再平衡、经济再平衡、治理再平衡是国际社会追求的目标。为此，需要对疫情后世界做些客观深入的分析和估计。

全球化受挫，不确定加剧

第二次世界大战后，布雷顿森林体系构建了以美元为核心的国际货币体系，联合国、世界银行、国际货币基金组织（IMF）等国际组织构成的多边制度设计，加之降低了各成员国之间关税的国际贸易组织（WTO）的多边贸易协定共同推动了新一轮的全球化浪潮。尤其是 20 世纪 80 年代以来，全球化空前发展，物资、资本、人员、技术、信息等在全球自由流动以及产业全球配置和分工，大大促进了经济发展和社会进步，世界日益"变平"，人们欢呼于它的便利、繁荣与正确。

这套体系中虽然在其后的几十年中经历过美苏两个贸易体系对立、新自由主义在俄罗斯及转轨国家失败，以及美国经济实力相对下降所带来的等等相对地"逆全球化"挫折，但整体上，全球化在不断展开，向政治、经济各个领域的纵深行进。在第二次世界大战后超过了 60 年的长经济周期里，繁荣背后的问题也在渐近积累，虽未带来全面的变局，但"症状"不断显现，且影响的范围日益广泛。

1997 年亚洲金融危机的时候，人们关注焦点集中在泰国、印度尼西亚、韩国等风暴波及最严重的国家，与此同时，人们也注意到它的重要根源之一是在日本。当时，美国为摆脱贸易赤字、美元升值，以及日本经济发展所带来的威胁和问题，于 1985 年一手主持签订下广场协议。之后，日元在不到三个月的时间里升值 20%，随之股价、地价均以远超 GDP 增速的速度上涨，国内泡沫急剧扩大。同时，为对冲日元升值压力，日本政府调低利率并采取了低利率的宽松货币政策，而这更为外汇套利提供了机会，据估计，1995—1998年，美国联邦利率和日本银行目标利率间的利差约为5%，而当时流向东南亚地区的日元海外贷款粗略估计有2600亿美元。[①] 当时经济过热的东南亚国家，也乐于接受来自日本的贷款，却没有估计到其中可能的风险。

在这场波及整个东南亚，以至俄罗斯、巴西的危机的因果线上，有急于向国外转嫁外贸赤字危机的美国、经济失衡的日本、经济过热的东南亚，新自由主义理论的盲目自信、糟糕的经济政策和危机四伏的金融监管，以及最终被拉至悬崖边缘的东亚经济，和超出亚洲之外的影响。从这次危机中，至少可以比较明显地看到三点：一是全球化时代，全球联动、跨境大规模资本的逐利流动部分消融了国家的边界，资本的作用力与反作用力越发强大；二是放松管制、资本自由进出发展中国家市场，市场至上的新自由主义在实践中所带来的问题；三是虽然全球化在发展，但各个国家还是生活在自己的具体的文化、历史、政治等情境中。总体来说，美国霸权、资本的正负向力量、全球化的发展、问题与可能的危机已经昭然若揭。

亚洲金融危机发生时，美国还在自己的黄金时期，它通过削减赤字，恢复了市场对美元的信心，经济发展强劲，美国还没有到面对自己危机的时刻。十年之后，2008年美国发生了次贷危机。它的背后

---

① 沈联涛：《回望九七亚洲金融危机 处处显现"华盛顿共识"的影子》，2009年9月22日，见 http://news.ifeng.com/history/special/zhongguojingyan/200909/0922_8129_1360076_1.shtml。

是全球化的大背景，核心是主要经济体增长模式缺陷和国际货币体系弊端所带来的世界经济结构的失衡。美国国内的危机向世界各主要经济体蔓延，并最终演变成为全球金融危机。随后美国推出几轮量化宽松政策，并通过消费去杠杆和再工业化推动经济结构调整；中国也努力通过转型升级稳增长，防风险，努力实现保持平衡。这次危机暴露了全球化和全球治理体系的众多弊端，对全球化发展造成重大影响。2016 年，特朗普当选，英国脱欧，全球化进程所面对的挑战更趋明显；而 2018 年，特朗普挑起中美贸易摩擦，它是美国对华策略方向性的改变，而其背后是中美实力相对消涨，也依然是国际货币体系、全球秩序所引发的系列问题。

庚子年疫情突然来袭并迅速蔓延陡然将这一系列问题加速推送到了世界面前。各国为应对疫情蔓延采取了严格的隔离和封锁等应急措施，其对全球化和世界经济的冲击前所未有，全球供应链的断裂和转移，规模空前。疫情何时消失依赖于获得疫苗和有效治疗药物的速度，尚难预料；疫情有可能再次暴发更是增加了世界政治经济的巨大不确定性。

世界经济进入下行道，压力持续加大，传统经济复苏手段包括财政和货币政策几乎用尽，经济复苏需要"重新启动"。在周期性与非周期性因素叠加、贸易保护主义日盛、美国执意推行与中国经济"脱钩"的背景下，"经济金融震荡"乃至发生危机将是后疫情时代的常态。

美、欧、日等发达经济体自 2008 年国际金融危机以来，一直采取货币宽松和低利率 / 零利率货币政策，边际效应递减乃至消失，如今应对疫情带来经济紧缩，苦于缺乏替代措施，继续饮鸩止渴；资本市场如"惊弓之鸟",特别是发展中国家遭受外部资金大进大出,流动性时而紧张、时而宽松的尴尬失控局面,金融风险远超 2008 年水平。

美国出于地缘政治考虑,执意把美元体系"武器化",基于其国内法实行"长臂管辖",一再使用金融制裁对付政治、经济贸易竞争对手,成为金融战的双刃剑,常常杀敌一千、自伤八百,对美元体系的长远伤害难以估计。譬如,美国制裁各国与伊朗做贸易的企业、银行,德、法、英等欧洲国家已建立独立的支付体系 INSTEX,俄罗斯也在采取措施,以规避制裁风险。

预计主要经济体 2020 年 GDP 都会出现不同程度的负增长。世界银行 6 月 8 日发布《全球经济展望》报告,预测今年全球 GDP 将下滑 5.2%,系第二次世界大战以来最严重的经济衰退。很多严重依赖全球贸易、旅游、大宗商品出口并需要外部融资的国家受冲击最大。数以亿万人陷入或重新陷入极端贫困。现在全球 59% 的人口居住在封闭的边界内。全球航空业不少公司几乎就在破产边缘。4 月英国希思罗机场旅客流量曾一度减少 97%。美国对包括中国在内贸易伙伴的关税达到 1993 年来最高水平。

作为国际山地旅游联盟的秘书长,笔者对疫情给旅游业的致命打击颇有感受。联合国世界旅游组织 5 月数据表明,疫情导致 2020 年一季度国际游客下降 22%,国内游客几乎销声匿迹,预测今年国际游客人数将下降 60%—80%;疫情导致全球 5000 万旅游从业人员失业,占世界旅游业总就业人数的 12%—14%。

此次疫情不幸中之大幸是,全球能源和食品供应链尚能运转,没有造成全球石油和粮食恐慌。要是这些事关人们生存的基本需求出了问题，可以想象世界将会何等混乱！但是这次幸免于难并不表明以后也会如此走运。

新加坡学者郑永年说，全球化将倒退到 20 世纪 80 年代之前的水准，即"有限的全球化"；英国智库查塔姆研究所（Chatham House）的罗宾·尼布利特（Robin Niblett）说，"我们所知道的全球化正在走向终结"。

世界力量失衡，"稳定锚"不再

这一轮世界力量失衡始于 20 世纪下半期，特别是近 40 年，如今已经终结了持续近百年美国一统天下的"美国世纪"。新世纪和即将来临的疫情后新世界肯定不是哪个国家的世纪／世界，而是各国共同拥有的世纪／世界，力量再次趋于平衡的世界。

从历史和哲学层面看，力量失衡是常态，从失衡走向平衡，再走向失衡，在新的基础上再次平衡，历史就是在这样的循环中向前发展的。然而，在历史转换期，世界通常将经历激烈的动荡，旧有秩序将被打破，新秩序将在各种力量的磨合和博弈中逐步建立。这一过程充满风险和机遇，不确定性是最大的确定因素。

新冠肺炎疫情新年伊始"灰犀牛"来袭，在不确定性上狠狠地踩了一脚油门，激化了现有矛盾，更暴露了原来并不凸显的深层次裂缝。疫情后的世界肯定与之前的世界有巨大不同，究竟会以什么面貌

27

呈现在各国人民面前，还需拭目以待。

二十国集团（G20）在 2008 年全球金融危机期间临危受命，短期内成为全球经济治理的"经济安全理事会"，后因大国竞争而失去了动力和凝聚力；最近有人在意图重振七国集团（G7），并提议加上澳大利亚、印度、韩国等成为 G11，以替代 G20 做全球经济治理的领头羊，意在浑水摸鱼，排除中国和其他新兴市场经济体和发展中国家。历史告诉我们，即便成立这样那样的"俱乐部"，如果代表性失衡，都难以摆脱 G7 走过的从辉煌到陨落的道路，因为当今世界已非 40 年之前的世界，全球化的势头可能暂时受阻，长远看全球化依然是历史大趋势，世界长期和平与人类经济发展需要全球化。而且，全球化正是世界力量再平衡的重要平台和路径。

力量失衡从一国内部看，主要表现为贫富差距和不平等持续扩大，社会矛盾激化，极端势力盛行，撕裂社会架构，治理无政府状态凸显。譬如以美国为首的西方发达国家，面对上述严重的国内问题，其政府和主流意识形态既不能客观分析解释，又没有好的解决办法，不管是国债攀升，还是货币极度宽松，西方宏观经济政策"两头受挤"，扩张性空间所剩无几，紧缩性政策则可能刺破资产泡沫；民众不满和怨愤长期累积，表现为日益严重的民粹主义、种族主义和保护主义，民众与精英的矛盾更加尖锐，资本主义制度性、系统性危机加重。美国遍地开花的种族冲突恰恰暴露出其社会的不平等、不公平、不合理现象已经腐蚀社会结构的方方面面，不加以革命性改革恐难以为继。

回顾历史，20 世纪 70 年代资本主义国家普遍发生"经济滞胀"，经济新自由主义应运而生，金融垄断资本遂逐步掌控全球生产、分配和消费。2008 年国际金融危机爆发宣告其理论和政策破产，如今的疫情肆虐使国家治理缺陷突出，资本贪婪无度造成社会贫富差距拉大、资本与劳动矛盾凸显，加剧了资本主义制度性危机。

后疫情时代，美国大选、欧盟内部分裂加深、经济严重衰退等重大挑战纷至沓来。这些重大变数与疫情一起使各种危机加深，国内政治更趋极端化；同时，危机外溢效应凸显，美西方国家竭力转嫁危机、寻找"替罪羊"和假想敌，对外政策极端强硬面、军事冒险性增加，单边主义、保护主义、"美国第一"的民粹和民族主义盛行，现有国际秩序和全球治理体系陷入"无序"、碎片化和无政府（anarchy），根本无法应对气候变化、能源安全、网络安全、地缘政治冲突风险升级等全球性挑战，世界更不安宁，"黑天鹅""灰犀牛"再现将是大概率事件。

从国际层面分析，世界力量失衡表现为发展中国家总体实力的上升，至少从全球 GDP 看，发展中国家与发达国家各占一半江山已成定局。把世界截然分为发达国家和发展中国家，或者"南方与北方""东方与西方"，显然过于简单化、形式化。

全球化发展趋势表明，全球生产链和世界消费市场的形成、商品生产和服务业的扁平化、技术革命的强大推动，都是发展中国家的后发优势，是全球化继续发展的重要支撑。其中，中国坚持改革开放，借全球化大势融入世界发展大潮，经过 40 余年的艰苦奋斗，取得了耀眼的成就。这不是自吹自擂，而是客观存在。中国将是世界力量再平衡、经济再平衡的重要推动力，虽然不是唯一的推动力，这也是毋庸置疑的事实。中国不可盲目自大，也不应该妄自菲薄，要认识到前进的路还很漫长，需要继续脚踏实地的把自己的事情做好，同时尽己所能与其他大国合作，提供适合后疫情世界现实的全球公共产品。

后疫情时代，国际战略稳定进一步削弱，美国相继退出《中导协议》和《开放天空条约》，声称一定要把中国拉入军备协议包括战略核武器条约的谈判，原有军备控制框架被打破，军备竞赛可能加剧，军备控制失衡将使得世界更加动荡、不安宁。

欧洲、亚太、中东地区安全形势更加严峻，地区大国面临"力量真空"和"秩序混乱"纵横捭阖，竞相争夺地区主导权。

美俄围绕战略空间"挤压"与"反挤压"在乌克兰、叙利亚、伊朗、战略核武器等方面各自出招；美国对伊朗实施更严厉制裁，涉及俄在伊朗和中东利益；美并对欧俄合作的"北溪-2"天然气管道项目以及"土耳其流"项目实施"域外制裁"，任何参与管道建设的欧洲公司将遭受经济金融制裁，其在美资产将被冻结。美俄博弈与美苏冷战性质和规模截然不同，但美国在遏制俄恢复世界大国地位努力的力度不减当年，不能排除发生局部冲突的可能。

中美关系进入战略竞争期，美国加强地缘政治和军事威慑；加大科技经济"脱钩"力度；加深意识形态战略竞争继续损害中国主权、踩中国"底线"，企图遏制中国发展势头。

两国关系受疫情冲击，贸易协定难以如期执行，针对疫情的一些争论激化分歧和矛盾，两国失去了战略力量平衡的"稳定锚"，经济合作的"稳定锚"在"脱钩"和贸易冲突中正在松动乃至失去基础，两国关系需要根据新形势重新磨合、确定新的竞争规则和合作框架，不确定性和风险明显增大，两个大国是否会陷入"修昔底德陷阱"而难以自拔，成为新世纪和新世界的首要难题。

新工业革命转向，技术革命重要性凸显

后疫情时代将催化全球新科技革命特别是生物科技和医疗药品的加速研发，未来，科学技术领域的大国竞争必然更加激烈。科技革命影响人类经济活动、生活方式，乃至国家竞争的模式。与石油一样，基辛格"谁拥有石油谁就拥有世界"之说同样适用于高科技。

就这次疫情而言，哪个国家首先掌握疫苗和针对病毒的有效药，它就在重启经济活动、重组全球供应链方面占据先机，也就能在未来激烈的大国角逐和竞争中占有优势。高科技领域各国相互合作则多赢，互相封锁则多输，从这次应对疫情看，相互合作难度还是很大。这里体现的是一个国家的对外战略和世界观，如果不能就全球治理的理念达成基本共识，无政府状态蔓延，到头来"大难临头各自飞"，后疫情世界的前景不容乐观。

新冠肺炎疫情暴发、蔓延打断了新工业革命和世界经济发展的节奏，颠覆了延续数十年的全球生产链、供应链和价值链，寻求核心技术和关键产业的自主化成为不少国家的追求目标，关键产业和重要产品的全球配置被质疑。这些因素本来已经存在，受疫情影响，新工业革命和科技革命的方向也将转变。

技术革命对世界经济的推动或破坏都将随着许多先进技术集中突

破和相互结合加倍放大，亟须制定能为各方普遍接受的新规则、新体系。加强网络管理和协调以防止网络成为新的战争空间；加强国际合作以有效应对新冠病毒等传染病全球流行等非传统安全威胁；建立国际合作共识以防止外层空间军事化和武器化；面对美国"退群"在《巴黎协定》基础上巩固应对气候变化的国际合作，无一不是后疫情世界国际社会面临的重大挑战。

后疫情时代技术革命重要性再次凸显，科技能力和科技产品的生产能力成为衡量国家实力的重要指标。疫情期间中国成为防控疫情产品的主要制造商，这在全球化背景下本来无可非议，也很正常，然而一些国家却对依赖中国供应防控疫情所必须的产品感到担忧，担心受到战略上的钳制。

尽管疫情蔓延需要各国加强合作，但美国地缘政治和意识形态竞争明显增强，出台对华企业、个人的制裁措施，执意对华科技"脱钩"，给后疫情世界尤其是中美关系增添了不确定性和冲突的风险。

"资本与劳动"矛盾激化，前景未卜

后疫情时代处于"百年未有之大变局"的前期，失衡是常态，再平衡是方向，控制风险、防止危机是目标。

需要对后疫情时代所蕴含的危险与机遇有充分的思想准备，对变化动荡的世界和全球治理体系重构有清醒的再认识，坚持契合中国实际、符合世界潮流的发展战略和对外战略，坚持改革开放、国际合作的大方向，积极推动创新发展、开放发展、包容发展，为实现中国与世界的共同发展、为实现中华民族的伟大复兴做出努力。

无论从全球化、全球治理角度，还是地缘政治层面，或者是新旧国际秩序转换的高度看，后疫情世界都会非常不平凡。这百余年来，人类经历了两次世界大战，经济大萧条、金融大危机，难以计数的地区热点和局部战争，如今又深受新冠肺炎疫情之害。在后疫情时代，各国当务之急是在做好自己事情的同时，立即着手构建新的全球治理体系，不是推倒炉灶全部重来，而是既有维护又有改革，关键是确立建设新世界的一些重大原则，譬如坚持多边主义，坚持和平解决分歧，坚持经济与自然的和谐发展。

疫情前世界是以联合国为核心的国际体系和全球治理体系，包括布雷顿森林体系开启的全球金融体系、以 WTO 为平台的全球自由贸易体系、以 WHO 为代表的全球公共卫生体系。这一全球治理体系和大国总体合作的大势保障了延续 70 多年的世界和平，并把全球化推向世界各个角落，世界经济实现了数次跨越式发展，各国在政治经济文化科技诸方面互联互通、相互依赖达到百年未有之高水平。

新冠肺炎疫情给世界带来了前所未有的强烈震荡和不确定性，人类再次对自己生活的世界感到深深的困惑和不解，对世界秩序的前景感到深深的担忧和焦虑。

首先，从历史演变的角度看，世界力量对比发生重大变化必然引发国际秩序大调整，充满风险和危机，从"失衡"到"再平衡"，如此循环反复，就是人类社会进步的必然路径，不必惊慌失措。

西方国家认为世界历史始于 1500 年，而 1648 年欧洲经历 30 年战争后缔结《威斯特伐利亚和约》，确立以国家主权为国际（其实是欧洲国家）关系的核心原则，人类历史才有了真正的"世界"概念，也就是以欧洲为中心的"中心—边缘"世界秩序和格局，是欧洲领导的世界。欧洲列强争霸英国脱颖而出，达成"不列颠治下的和平"（Pax Britanica）。第一次世界大战后，美国取代英国成为世界秩序主导者，从凡尔赛—华盛顿体系，到雅尔塔体系、冷战后美国独霸世界，其"美利坚治下的和平"（Pax Americana）延续至今。百年来国际秩序数次重构，失衡是绝对的，平衡是相对的。

其间，往往是丛林规则当道，强国凭力量制定于己有利的国际规则和制度，形成强国治下的国际秩序。

然而，历史的发展不以人的意志为转移，近几十年伴随经济全球化和世界多极化，既带来世界整体和平，全球经济普遍繁荣，更推动了发达国家与发展中国家力量的大趋同（great convergence）。全球力量失衡，再次走向平衡是历史规律，反映在国际秩序转换上，后疫情时代各种矛盾更加尖锐，大国竞争有水火不容之势，能否和平过渡、有序竞争将成为最大的挑战。这是事关各国命运的大事，也是决定世界未来方向的大事。

其次，后疫情时代放在近代资本主义发展史框架内加以观察分析，这几十年来与发展中国家特别是中国发展完全不同，资本主义作为一种政治经济社会制度、意识形态和发展模式，遭受了一系列巨大的打击和挫折，资本主义国家软硬实力都受到严重影响，前景未卜。

从 20 世纪初美国经济大萧条到 2007—2008 年震惊全球的世界金

融危机，再到如今应对新冠肺炎疫情漏洞百出，种族冲突蔓延不绝，贫富差距持续扩大，虽然发展中国家也是问题不少，但是发达资本主义国家包括美国更加捉襟见肘，多年积累矛盾集中爆发，出现了动摇资本主义根基的政治经济社会危机，资本主义自我调整能否解决这些问题打上巨大问号。这不能理解为资本主义制度就此将退出历史舞台，如同冷战结束后福山断言"世界政治制度竞争的历史已经终结"，事后却被证明是错误的一样。

资本主义危机的核心问题或者"软肋"依然是马克思所预言的"资本与劳动"矛盾日益激化，社会分裂严重，成为资本主义社会开始走下坡路的主要推手。福山在《身份政治》一书中指出，这种制度性腐朽造成社会改革动力不足，贫富差距拉大。美国1%高收入人群占据国家40%的收入，财富悬殊更是惊人。这样的政治经济社会制度如果不加以改革，还有多少生命力？民粹主义、民族主义大幅度上升恰恰是这一基本矛盾的表象，助推国家政治的极端化，种族对立、民众与精英对立日甚；反全球化包括反对移民、反对自由贸易、反对技术交流等，则是其在全球层面的"泄洪口"，如今已是"洪水滔滔"。

"身份政治"在西方国家政治特别选举中成为主流思想和行为依据，政党为了选票取悦具有特定"身份"的团体、群体、族群或者行业，不再为国家整体利益考虑、制定政策。2020年美国大选"身份政治"更加突出，为争取某个种族、某个群体的选票，什么事情都做得出来，已经没有底线。

后疫情时代，资本主义及其政治制度和社会架构坠落大动荡、大变革、大调整阶段，过程不会短暂，也不会风平浪静，不仅对资本主义国家造成进一步剧烈震荡，还将透过紧密相连的全球化体系"大水漫灌"，全球政治经济的不稳定和不确定性急剧上升，出现全球性危机难以避免。

中国在爬坡期，形势严峻

后疫情时代中国所处的国际环境将更加严峻，有利于中国发展的全球化和全球治理体系已经发生了根本性的变化，疫情造成的治理体系无政府状态、治理思想的混乱、全球化的倒退、各国相对封闭的延续，都将造成国际体系和全球供应链的重大调整。在这样的后疫情世界，中国不仅需要咬定青山不放松，埋头苦干做好自己的事情，也需要重新认识、深入思考如何与其他国家合作，重新塑造新的世界，提出新思想，制定新规则，构建全球治理新框架和新机制，努力推动全球化在新的条件下继续前行。

中国的发展成长经历了无数磨难，是内外因结合的产物。就内部而言，中国选择了正确的发展道路，中国共产党领导中国人民改革开放，努力实现中国现代化，推动了世界经济的发展，而世界总体和平、经济全球化持续深入则为中国发展创造了有利的外部环境。

中国坚持走和平发展、共同发展、包容发展的道路，深入参与全球化和全球治理，正向世界强国之林稳步迈进。这在中国和世界的历史上都是空前的，对于中国的发展，各国有不同的反应，出现各种各样的误解、不解甚至担忧和陷阱在所难免。可以肯定的是，世界大多数发达和发展中国家都给予欢迎和支持，希望从中国的发展经验中汲取有益的发展思路，分享中国的发展成果。中国已经成为 130 多个国家和地区的最大贸易伙伴就是最好的例子。

另一方面，以美国为首的部分西方国家对于中国发展有着强烈的"焦虑"、不安和误判，把中国作为"主要战略竞争对手"、意识形态的敌人，希望遏制中国、排斥中国、阻碍中国发展以维护其世界霸权，表现在经济科技领域想把中国从全球生产链中切割出去，搞所谓"脱钩"；在意识形态抹黑中国制造所谓民主国家与"非民主国家"的对立；在地缘政治领域则表现在军事震慑、制造地缘政治矛盾和陷阱，逼迫中国离开现有发展轨道，陷入"中等收入陷阱"，乃至与霸权国家全面对抗的"修昔底德陷阱"。

新冠肺炎疫情期间各国错综复杂的矛盾使得后疫情时代这些误判、竞争和对立非但没有减少，反而愈加尖锐，世界更加分裂。然而，凡事都有两面，后疫情时代，各国对全球公共卫生危机等非传统安全威胁更加警惕，相关全球治理机制势必会加强；美国以意识形态划线判定敌我等做法，不少国家包括欧洲国家未必认同。最近新加坡总理撰文，表示新加坡等东南亚国家不愿在大国搏杀性竞争中选边站队，希望大国有序竞争，遵守规则。这有一定的代表性。

毫无疑问，中国发展依然处于艰难的爬坡期，只是后疫情时代困难和挑战将更加严峻。

多种挑战叠加，需要"同舟共济"

第二次世界大战后建立的国际体系、全球治理体系经历风风雨雨本来已经相当脆弱，如今遭受疫情冲击更加不堪重负，处于严重碎片化和无政府状态，世界贸易组织名存实亡，世界卫生组织（WHO）因美国退出和各方就COCID–19产生的争议前景未卜。全球公共卫生和贸易体系难以为继，美元霸权下全球金融体系裂缝扩大，整个全球治理体系摇摇欲坠。

疫情引发的全球公共卫生危机、沙特与俄罗斯石油价格战触发能源巨幅动荡、气候变化导致极端恶劣气象在全球各地肆虐，造成大量人员和财产损失。这些都是全球治理体系崩溃、无力处理全球挑战和危机的症状。可以预计，疫情后世界里诸如此类的非传统安全威胁会越来越多，全球经济、信息和人员互联互通程度日益紧密，风险和危机跨境传导将极其迅速。此次疫情数月内蔓延全球就是佐证。

这些非传统安全挑战的严重性和危害性已经超过传统的战争和军事冲突，虽然后者给人类的挑战依然存在。而疫情后世界在传统和非传统双重安全威胁的压力下，各国不是相互靠拢而是相互猜忌，单边主义盛行，多边主义被腐蚀掏空，全球治理的无政府状态只会扩散弥漫，令人堪忧。无论是世界贸易、公共卫生、能源价格、粮食供应，还是军备控制、科技竞争、主权争端，都会出现新的格局，需要国际社会坚持多边主义，摒弃单边主义、保护主义和民族主义；有些领域亟须制定新规则、建立新机制；还有一些需要维护治理机制并做必要的改革。所有这些全球治理体系的调整、修正、重塑都必须以大国合作共识和世界各国"同舟共济"为愿景——可惜却是目前大国合作中最为匮乏的因素——为基础。

（何亚非：外交部原副部长，原中国常驻联合国日内瓦办事处及瑞士其他国际组织代表、大使；国务院原侨务办公室副主任）

中国发展新格局：
挖掘内需，国内国外双循环

[导读] 针对当前新冠肺炎疫情，为适应需求结构变化趋势，中共中央政治局常务委员会会议提出"构建国内国际双循环相互促进的新发展格局"，这是新形势下处理好内外经济关系提出的新的战略要求。为实现这一目标，扩大内需将是未来一个时期的主要发展战略，需要以加快乡村振兴、扩大消费市场、抓紧新型基础设施建设、重视生态环境建设以抓手，进一步扩大开放，并处理好内需与外需、进口与出口、产能外移与产业升级、海外投资与国内投资的关系。

2020 年 5 月 14 日，中共中央政治局常务委员会会议指出："要深化供给侧结构性改革，充分发挥我国超大规模市场优势和内需潜力，构建国内国际双循环相互促进的新发展格局。"①2020 年 7 月 21

---

① 《中共中央政治局常务委员会召开会议 习近平主持》，新华网，2020 年 5 月 14 日，见 http://www.xinhuanet.com/2020–05/14/c_1125986000.html。

日，习近平总书记主持召开企业家座谈会并发表重要讲话，再次强调逐步形成以国内大循环为主体、国内国际双循环相互促进的新发展格局。①

这是针对国内外新冠肺炎疫情防控形势，适应需求结构变化趋势提出的精准研判，是应对外部环境不确定性，如全球经济萎缩、美国政府推行产业链"去中国化"和美中经济"脱钩"等的有效举措，也是中国经济社会转型升级，实现良性可持续发展的重大战略布局。认真落实这一要求，对完成 2020 年发展任务，直至 2035 年基本实现社会主义现代化，推动改革开放进入新阶段，进一步参与国际间互利合作都具有重要意义。

对外开放促进了国民经济的长期持续快速增长

改革开放 40 多年来，我们以开放促改革、促发展，国民经济由封闭半封闭状态转变为全方位、多层次的开放型经济体系。2019 年，我国货物进出口总值达 31.5 万亿元，连续 11 年保持全球出口第一。与 1978 年相比，进出口总额增长了 223 倍。我国已成为 61 个国家和地区的第一大进口来源地。对外贸易的飞速增长，带动了产业升级、就业扩大和居民收入提高，有力地促进了经济发展。

回顾对外开放的历程，我们实现了五大转变：对外贸易从加工

---

① 参见习近平：《在企业家座谈会上的讲话》，人民出版社 2020 年版，第 9 页。

贸易为主转变为一般贸易为主，加工贸易占对外贸易的比重从最高时的 70% 以上，2019 年已降为 25.2%；出口从资源和劳动密集型产品为主转变为以技术和知识密集型产品为主，机电产品占出口的比重达 58.4%；资本流动经历了从"引进来"到"走出去"的转变，利用外资连续 20 年居世界第二位，随着"一带一路"倡议的实施，对外投资逐年增加；在产业的开放上，从制造业率先开放，到服务业开放，形成了全面开放格局；在地域开放上，从沿海城市率先开放，扩大到内地城市和沿边城市开放，从设立经济特区、经济技术开发区到自由贸易试验区、自由贸易港，有序梯次推进，逐步形成全方位、多层次的外向型经济体系，为经济发展不断注入活力。

出口的要求倒逼企业提高产品质量，改善经营管理，创立自己的品牌。外汇的增加使我们有能力进口更多的资源和技术装备，提高生产能力和技术水平。引进技术并消化、吸收、创新，使我们具备了重大技术装备的成套生产能力。高铁设备、发电设备、冶金设备、工程机械等自主化制造，就是成功的范例。利用外资带来了先进技术和管理经验，使我们开阔了眼界，帮我们培养了人才。像华为这样技术世界领先的大型企业，就是 1987 年从做国外程控交换机的销售代理开始起步，逐渐发展起来。中央提出构建国内国际双循环相互促进的新发展格局，是对前 40 多年对外开放和经济发展经验的总结，是在新形势下对处理好内外经济关系提出的新的战略要求。

把扩大内需作为未来一个时期主要发展战略

受疫情影响，全球经济将陷入停滞和衰退，经济全球化遭遇重大挫折，我国出口订单减少。美国政府倾全力打压中国企业，从贸易、科技、外交、政治、军事、舆论等方面对中国进行全面围堵，妄图打垮中国经济，阻断我现代化进程，剥夺14亿中国人民的发展权，维护其垄断利益。坚持扩大内需战略，把国内巨大的发展潜力激发出来，保持经济持续健康高质量发展，是应对外部冲击的根本之策。扩大内需的重点如下。

（一）加快乡村振兴

2019年4月15日印发的《中共中央　国务院关于建立健全城乡融合发展体制机制和政策体系的意见》，对如何加快农业农村发展做出具体部署。认真落实这一文件精神，将能释放出蛰伏于农村的土地、劳动力、资本等巨大发展潜能。在农村土地制度改革上，文件提出了"三个允许入市"，即"允许农村集体经营性建设用地入市，允许就地入市或异地调整入市；允许村集体在农民自愿前提下，依法把有偿收回的闲置宅基地、废弃的集体公益性建设用地转变为集体经营性建设用地入市"。

全国村庄建设共占用17万平方公里，合2.5亿亩，农村人均建设用地面积是城市人均的3倍多。根据农村宅基地改革试点县江西省

43

余江县的调查，农村闲置房、倒塌房、危房占总户数的 **57%**。在劳动力输出大省，这种情况带有普遍性。通过村庄整治，把节余的农村建设用地市场化、资本化，就能吸引到巨额资金投入和各类人才，为农业现代化、新农村建设、农民工市民化和特色小镇建设提供充足的资金支持。

习近平总书记在中共中央政治局集体学习时曾提出，要逐步实现城乡居民基本权益平等化、城乡公共服务均等化、城乡居民收入均衡化、城乡要素配置合理化以及城乡产业发展融合化。[①] 习近平总书记把实现城乡居民基本权益平等化放在首位，是因为现行体制和政策确实有许多对农民不公平的地方。土地制度就是充分证明。城市房地产早已市场化，市民的住房早已私有化，因此，城市居民可以享受到城市化过程中房地产增值的财富效应，特别是房价上涨较快的城市，住房的财富效应更加突出。但是，农民的住房尚未商品化。这是导致城乡收入差距拉大的重要原因之一。中央文件明确农民的宅基地实行"三权分置"，在所有权归集体的同时，农民凭借对宅基地的资格权，可以转让使用权。这就为农民住房的商品化消除了政策障碍，从而为建立城乡一体化的房地产市场消除了障碍。进城落户的农民工出售自己在农村的住宅，在城里买房和租房也就有了资金支持。这是城镇化过程中伴随着农民进城必然要做出的政策调整。这步棋一走活，全盘皆活。农业现代化、新农村建设、农民工市民化、特色小镇建设都可以轰轰烈烈干起来，城乡差距就会很快缩小。实现乡村振兴，既要发

---

① 《习近平关于社会主义经济建设论述摘编》，中央文献出版社 2017 年版，第 189 页。

挥我们的制度优势和政治优势，更要把市场机制的作用发挥出来。

改革开放 40 多年的经验证明，我们想要办成什么事，首先应当找到市场机制，有了市场威力，就能事半功倍，否则，就会像堂吉诃德对着风车作战。许多改革前想干干不成的事，改革后很快干成了，关键是顺应了市场经济规律。如能通过建立城乡融合的建设用地市场和房地产市场，把农业现代化等四件事联动起来，迅速推进，我国农业农村面貌将能很快改变，由此激发出巨大的需求潜能，足以拉动我国经济在未来十年内的持续中高速增长。

党的十九大提出了我国社会主要矛盾已经转化为人民日益增长的美好生活需要和不平衡不充分的发展之间的矛盾。发展的不平衡不充分集中体现在城乡之间发展的不平衡和农村发展的不充分。贯彻落实城乡融合发展战略，加快农业农村发展，就是抓住了当前社会主要矛盾，应当动员全党全国集中力量来干。关于农村土地制度改革，早在 2013 年党的十八届三中全会就已做出部署，并在十几个县试点，但此后并没有在面上推广，贻误了不少时间。2019 年 4 月中央文件从体制机制和政策体系上进一步做出详细周到的安排。2020 年 5 月 18 日，《中共中央　国务院关于新时代加快完善社会主义市场经济体制的意见》再次重申了农村土地制度改革要求。当前应作为供给侧结构性改革的重大举措，尽快在全国各地推广。2019 年我国农村人口还有 5.64 亿人，第一产业就业 3 亿人，占全部就业人口的 39.6%，而第一产业占 GDP 的比重仅为 11.3%，农业劳动生产率仅为全社会平均水平的 28.5%。农业劳动生产率过低，是城乡差距大的根本原因。差距本身就是潜力。应当充分发挥中央支农惠农政策的效能，促进各类要素在城乡市场之间平等交换、自由流动，运用市场机制的强大力量，推动农村现代化和城镇化，尽快使 5 亿多农村人口的收入水平赶上全社会平均水平。

（二）扩大消费市场

2019 年，我国国内市场社会消费品零售总额达到 41.2 万亿元，按平均汇率计算，折合 5.97 万亿美元。美国 2019 年社会消费品零售总额为 6.23 万亿美元。中国的社会消费品零售总额比美国少 2600 亿美元，相当于美国的 95.8%。中国的恩格尔系数为 28%，美国为 14%，中国比美国高一倍。同样是 2019 年，中国的 GDP 总量为 14.4 万亿美元，美国 21.4 万亿美元，中国为美国的 67.3%。社会消费品零售总额占 GDP 的比重，中国为 41.5%，美国为 29.1%，中国比美国高 12.4 个百分点。从这一组数据比较中，我们大体可以得出以下两个判断：一是与美国相比，中国居民能够从经济发展中更多受益。党的十八大以来，不断转变经济发展方式，经济增长从过去主要依赖投资和出口拉动，向主要依靠消费转变，实现消费、投资、出口协调拉动。经过近 10 年的不断调整，已经取得明显成效。2019 年，消费对经济增长的贡献达到 57.8%。市场消费总额所反映的是居民实实在在获得的利益。在我国 GDP 总量比美国低 32.7% 的情况下，社会消费品零售总额比美国仅低 4.2 个百分点，说明在社会产品总量中，除军火之外的最终消费品所占比例要明显高于美国，从这个意义上说，我国的宏观经济效益明显高于美国。二是与美国相比，我国市场消费总额还有很大的增长空间。2019年，美国人均市场消费额是中国的4.5倍。在美国居民家庭消费结构中，住房消费占33%，交通占15.9%，饮食占12.9%，养老存款占11.2%，医疗占8.2%，娱乐占5.3%，服饰占3%，教育占2.4%。住房和交通消费排在第一、第二位。我国目前扩大居民消费的重点仍应放在住房和汽车上。把房地产市场和汽车市场活跃起来，就能带动整个消费市场。近几年，为了抑制房价上涨，许多城市采取限购政策，这不是一个好办法。正确的对策应当是通过增加住房供给来抑制房价。随着居民收入的提高，改善居住条件仍为最大的需求，应尽可能满足这种对美好生活的需要。要把重点放在解决住房困难户和进城落户农民工的住房上，不少城市推出共有产权房、新市民租赁房，主要面向进城落户农民工销售，值得推广。2017年，国土资源部和住房城乡建设部联合发文，允许全国13个城市郊区农民在自己的经营性建设用地上建设租赁房，以增加城市住房供应。这项改革既能让农民富起来，又能增加城市住房供给和平抑房价，改革的步子还应当迈得更大一些。老城区改造也应当加快。住房建设对经济的拉动作用是其他任何消费品所不可替代的。应允许各地政府大胆进行改革试验，找到既能保持房市繁荣，又能保持房价稳定的办法。2020年一季度，汽车销售同比大幅下滑，疫情固然是一个影响原因，但主要还在于地方政府的限购政策阻碍了汽车销售，全国限购汽车的城市已有十几个。就人均汽车保有量来看，美国是我国的5.6倍。中国汽车市场还有很大发展空间。国家发展改革委最近提出减少汽车限购，是一个很好的政策导向。应当从增加道路和停车场的角度为居民购买汽车创造条件。东京是凭停车位证明购车，不妨加以仿效，这个办法既能拉动停车场特别是立体停车场建设，又鼓励了汽车消费。鼓励电动汽车销售的政策应当继续坚持下去。要努力扩大农村汽车市场，发展二手车市场。服务是消费的短板。要积极扩大服务消费特别是公共消费，包括教育、医疗、信息、健康、文化、咨询、法律、审计、数据等公共服务。大力发展网络教育。美国人均医疗、教育支出是中国的 10 倍，这次在应对新冠肺炎疫情中打了败仗。我们发挥制度优势，赢得了战"疫"的初步胜利。应当总结经验教训，进一步增加投入，健全具有中国特色的公共卫生体系和医疗保障体系，加大防疫用品和疫苗药品的研发生产，努力成为全球医疗用品和医疗设备供给中心。加快中医的现代化，努力使中医中药走向世界，造福全人类。鼓励发展电子商务，健全覆盖城乡和全球的物流配送网络。

（三）抓紧新型基础设施建设

国务院提出了新型基础设施建设的任务，包括5G基站、特高压、城际高铁和城市轨道交通、新能源汽车充电桩、大数据中心、人工智能、工业互联网七项工程。这是根据我国经济、社会、科技发展的新需求提出来的，是经过长期研究、精心谋划和反复比较确定下来的，绝不是病急乱投医的草率决定。这七大工程符合当前和未来国民经济发展的需要，国内有成熟的技术，具备大规模建设的条件，在建设资金和施工力量上国内也有足够的能力。这一轮投资完成之后，我国基础设施将迈上一个新台阶，建成全球最先进的信息网络和高铁网络，为发展数字经济、实现居民消费结构升级、缩小区域和城乡发展差距提供强有力的支撑；我国的能源结构将得以优化，西部地区的可再生能源、清洁能源优势可以充分发挥出来，对改善东中部地区空气环境、减少颗粒物排放起到重要作用；随着人工智能、工业互联网、物联网的发展，将有力地推动工业化与信息化融合，实现产业结构优化升级，提升我国制造业在全球产业链中位置；我国城市群内部和城市群之间的交通将更加便捷，在中心城市周围将形成更大范围的半小时生活圈和一小时商务圈，有利于增强中心城市的辐射带动作用，增强城市群的整体竞争力。这些投资既能拉动当期需求和增长速度，更能对长远发展增添后劲，应当有序扎实推进。

新基础建设在扩大内需中见效快，拉动作用大，应摆在突出位置。有人担心搞新基础设施建设会加大债务负担，这是不必要的。在需求不足的情况下通过适当发债搞建设，我们有着成功的经验。20世纪 90 年代末在应对亚洲金融危机时，通过发行长期建设债券，进行基础设施建设，不仅有效改变了经济低迷的状况，而且为进入新世纪后出现长达十年两位数的高速增长期奠定了坚实基础。经济规模大了，财政收入增加了，偿还这些债务就不会构成多大的负担。

（四）重视生态环境建设

遵照习近平总书记关于绿色发展的理念，重视生态环境建设，把环保产业打造为一大支柱产业，也将释放出巨大的投资需求。当前，最为紧迫的是抓紧做好空气污染治理、水污染治理、垃圾处理和土地面源污染治理四件事，打赢蓝天、碧水、净土保卫战。发展环保产业，关键是建立公共产品的价值补偿机制，使对环境治理的投资能够取得合理回报。大体上可以把环保项目分为三类，分别实行不同的政策：一是从环保投资产生的经济效益中可以收回投资并有一定盈利的项目，应交给市场，通过竞争吸引投资；二是环保投资能产生一定收益，但不足以补偿投资的项目，应运用政府与企业合作的 PPP 模式，政府给予一定的优惠政策，通过招投标选择投资者；三是环保投资只能产生生态效益和社会效益，投资者不能获取经济收益的项目，要由政府投资或由政府通过协议委托企业投资，政府给予补偿。总之，环保投资所提供的是公共产品，政府要通过精细化管理，建立公共产品的价值补偿机制，才能为环境治理找到源源不断的资金来源。

是否能够建立环保投资资金的筹集机制，是对政府治理体系和治理能力现代化的考验。比如，全国固体废物包括建筑垃圾、工业固废和综合垃圾存量已高达 800 多亿吨，堆积和填埋占地约 1400 多万亩，对地下水和环境带来一定污染和安全隐患。随着国内环保科技进步和投资能力增强，我们已经有条件逐步把这些历史累积和新增的废物转变为宝贵资源。初步测算，建设处理全部存量和增量固废能力约需总投资 4 万亿元，单厂建设周期半年至一年，全部建成后可形成年产值 4.1 万亿元，年利税 2400 多亿元，未来 10 年可减少占地 2600 万亩，新增就业 240 万人，减少碳排放 6 亿吨以上。实施固废再生工程，可产生巨大的经济效益、生态效益和社会效益，对拉动内需、稳定经济增长将发挥积极作用。发展固废再生产业，主要可依靠市场机制，所需要的是政府的规划和投资引导。又如，煤炭清洁利用技术已经有了突破性进展。改性甲醇消除了普通甲醇腐蚀性、溶胀性、低温启动难三大弊病。用改性甲醇替代汽柴油和燃煤，颗粒物排放量可减少50%以上，将成为治理大气污染的有效手段；利用我国丰富的低阶煤资源制取甲醇，工艺成熟，成本低廉，可在西部大规模建厂扩大就业；2019年我国进口石油超过5亿吨，用甲醇替代石油，可以减少以至完全取消石油进口，将来甚至可以出口。科学界把甲醇称为"液态阳光"工程。做好这件事，现在技术、资源、资金、市场、劳动力都不缺，唯一缺少的是政策。再如，河流、湖泊水污染治理，必须把全流域的人都动员组织起来，从源头开始治理。推行谁污染、谁付费，建立第三方治理制度。"十四五"规划应当把经济绿色转型作为重要任务。

提升产业链供应链的稳定性和竞争力

世界的发展离不开中国，中国的发展需要世界。构建国内国际双循环相互促进的新发展格局，必须进一步扩大开放，这将使中国成为愈以强大的全球增长引擎。2020年5月14日中共中央政治局常务委员会会议研究提升产业链供应链稳定性和竞争力，要求"提升产业基础高级化、产业链现代化水平。要发挥新型举国体制优势，加强科技创新和技术攻关，强化关键环节、关键领域、关键产品保障能力"[1]。

---

[1] 《中共中央政治局常务委员会召开会议 习近平主持》，新华网，2020年5月14日，见 http://www.xinhuanet.com/2020–05/14/c_1125986000.html。

全球产业链是按照国际比较优势长期形成的，不以人的意志为转移。美国推行产业链"去中国化"，到头来必将自食"去美国化"的后果。强化和培育优势产业链，应分三个层面不断加力：

对目前已具有优势的产业链，包括 5G、高铁、电力、冶金、建材、机械、造船、家电、轻纺等，要实施产业基础再造和技术提升工程，强化国际领先地位。对其中的堵点和断点，如芯片、光刻机、系统操作软件、特种材料、关键元器件等，应组织产业联盟，集中力量协同攻关，力求尽快突破，以巩固全球市场不可撼动的地位。

对目前尚未形成优势的高技术产业链，主要是战略性新兴产业方面的产业链，要抓紧布局，包括人工智能、云计算、工业互联网、物联网、生物技术、航空航天、新能源、新材料、先进制造等，要加大研发投入力度。特别是对有可能引发第四次工业革命的科学技术，如核聚变、量子技术、生命科学、智能制造等，要加大基础研究投入，力求有所突破，抢占世界制高点，力争新一轮科技革命和工业革命由中国引领。

对当前创新活跃的前沿技术领域，要以技术创新培育新的优势产业链，如量子通信、量子计算机、十进制网络、激光、石墨烯、碳纤维、纳米材料、超导材料、特种合金、干细胞、基因工程、新冠疫苗、中药现代化、光伏、合成甲醇、机器人、3D 打印、无人驾驶等，鼓励企业、大学、科研机构积极研究，尽快使科技成果产业化，培育一批新经济增长点和新优势产业链。

要以国际分工合作为基础，积极协调建立长期稳定的产业链，以产业链为纽带，形成利益共同体，共同开拓国际市场。如欧洲国家对应对气候变化极为关切，我们应同其扩大绿色科技产业合作，共建绿色产业链。俄罗斯有丰富的农业和能源资源，与之合作建立农产品和能源产业链，可保市场稳定。

打破美国对我树立的市场壁垒，必须开辟多元化国际市场。2019年，中美进出口下降14.6%，但中国整个出口仍增长5%，中国对东盟、"一带一路"沿线国家（地区）和欧洲的出口分别增长14.1%、10.8%和8%，东盟超过美国成为我国第二大贸易伙伴。2019年出口出现新态势：新产品出口的增长快于传统产品；线上交易增长快于线下交易；民营企业超过外资企业成为第一大外贸主体。2020年以来，传统产品出口虽然下降，但医疗卫生用品和设备成为新增长点。事实证明，美国不是世界，东方不亮西方亮。

"一带一路"倡议实施以来，已经有80多个国家（地区）和国际组织与中国签署共建合作协议，在互联互通工程建设上已经取得重要成就，一批铁路、公路、航空建设项目有序展开，沿线有11个港口、70个工业园区正在建设运营。截至2020年2月底的12个月中，我国在"一带一路"沿线国家（地区）完成项目投资880亿美元，同比增长17%；新签合同1460亿美元，同比增长20%。有智库预测，未来十年，"一带一路"建设项目总投资将达1.5万亿美元。"一带一路"建设将为推动全球化作出重大贡献。

当前，在我国周边地区精选一批经济效益好、建设周期短、带动作用大的交通建设项目，加快建设进程，对于拉动出口和国内需求，促进我国同周边国家的经济合作，具有重大战略意义。加快面向孟加拉湾的第二海运大通道建设，应摆在优先地位。首先，应加快泛亚铁路中线建设，确保 2021 年建成通车。这条铁路沿湄公河流域，途经老挝、缅甸、泰国、柬埔寨、马来西亚到新加坡，沿线国家对我国友好，大部分国家产业水平与我国处于垂直分工状态，经济互补性强。笔者曾经两次到湄公河流域考察，那里农业发展潜力很大，光热水土资源丰富，种水稻可以一年三熟，但由于缺乏国际市场，水稻产能远远没有发挥出来。铁路通车之后，那里的农产品、矿产品可以出口到我国，并成为一条黄金旅游线。其次，要加快泛亚铁路西线建设，即沿孟加拉湾东海岸，从瑞丽经皎漂港到西哈努克港，这条铁路可以拉动缅甸、泰国和柬埔寨的外向型经济发展。最后，建设中孟铁路，从腾冲到孟加拉国的吉大港和首都达卡。孟加拉有 1 亿多人口，是世界最不发达国家，这条铁路可拉动孟加拉国的发展。以上三条铁路建成之后，将为我国西南地区提供便捷的出海通道。再抓紧建设从广西到云南沿边的铁路，把中南半岛同我国经济最发达的广东省连接起来，云南就能成为面向南亚、东南亚的经济辐射中心。未来，中孟铁路再向西延伸，就能连接上印度西部最大城市加尔各答，从而为建设孟中印缅经济走廊奠定基础。"一带一路"互联互通工程将带动国际贸易发展。随着泛亚铁路中线的建成和港口竣工，孟加拉湾将形成我国第二海运大通道。老挝、柬埔寨、缅甸、泰国、孟加拉等国将成为我国产业转移的基地，其丰富的劳动力和农业、矿产资源将得以利用，形成一批新的国际产业链。中国与南亚东南亚国家密切合作，共同搭乘中国经济高铁，外来势力挑拨离间会愈加困难。

构建双循环新发展格局需处理好几个关系

实现国内国际双循环，推进国内国际市场更好联通，需处理好几个关系：

内需和外需的关系。一般来说，内需相对稳定、可控，外需未知因素较多，难以控制。对需求结构变化应适时适度调控，以减轻外部冲击，保持经济运行稳定。未来几年，出口需求减少，应由内需弥补。不仅要调控内需与外需的比重，还要引导产需结构的调整。

进口与出口的关系。出口是进口的前提，进口额必须与外汇支付能力相匹配。宏观调控应保持进口与出口的平衡。多年来我国外贸保持顺差，外汇储备充足，应适度扩大进口。要抓住当前国际油价下降机会，扩大石油进口，增加储备。近几年，我国居民海外消费额超过一万亿元，应降低进口关税，把海外消费吸引到国内。今年，我国国内市场销售总额将超过美国，成为全球最大的消费市场，其意义大于GDP总量超过美国。市场是资源，买家是上帝，鼓动中美经济脱钩的一小撮政客，将沦为美国企业的罪人。

产能外移与产业升级的关系。随着我国劳动者工资水平提高，一些劳动和资源密集型产品转移到周边国家，这是必然趋势。问题在于，产业升级一定要跟上，技术和知识密集型产品和服务业要加快发展，否则，就业机会减少，将造成社会问题。近几年，沿海城市推行"腾笼换鸟"，在处理产能外移与产业升级的关系上积累了经验。

海外投资与国内投资的关系。我国工业化、城镇化的任务尚未完成，处于中后期阶段，国内建设对资金的需求量很大。海外投资应集中在国内短缺资源的开发，技术类企业的并购，以及经济效益好的"一带一路"互联互通工程等。要把资金更多投到国内，为2035年基本实现社会主义现代化作出贡献。

（郑新立：中共中央政策研究室副主任）

金融软实力

货币"自信"与国家软实力

[导读]一个国家拥有货币主权，该国央行才能拥有独立的货币发行机制，能够利用不同货币工具去实现其政策目标；央行所拥有的这种能力，主要源自货币持有者对国家体系的信任和经济发展前景的信心。所以说，货币主权本身就是强大的国家软实力。当前中国的国家治理体系符合中国国情，符合新时代特征，"四个自信"：制度自信、理论自信、道路自信和文化自信是建立独立的货币发行机制的基础，尤其是建立独立的货币发行机制的基础。

货币主权是一个国家主权的重要组成部分。一个国家的央行所拥有的这种能力，主要源自该货币使用者对其国家体系的信任和经济发展前景的信心。货币主权本身是一种强大的国家软实力。

只有当一个国家拥有货币主权的时候，该国央行才能拥有独立的货币发行机制，能够利用不同货币工具去实现其政策目标，具有更强的抵御金融危机的能力。比如，当发生金融危机的时候，央行可以用扩张资产负债表的方法来挽救陷入困境的金融机构，通过金融工具调动国内外资源有序调整相关经济金融活动，防止危机在金融体系内蔓延，避免社会经济无序破坏性调整，减轻国家实力受损的程度。

信心是国家货币的基础

金本位时期，人们认为一个国家的货币发行量应由该国的黄金储备量决定，并将黄金视为该国货币发行机制的"锚"。在大多数情况下，金本位国家的实际货币发行量远大于其实际黄金储备量。即便在现代金融体系中，虽然作为国际货币的美元往往被认为是一些国家货币的"锚"，但这些国家货币的发行量也远远超过了其美元的外汇储备。所以说，一国货币稳定的基础不在于"锚"，而在于持有者对该国货币的信心。

在一定意义上，货币发行机制是一种政治安排、一种国家治理方式，在实际操作中它很难形成明确的数理化机制。一个国家货币发行的基础实际上是人们对这个国家的信心。公元前 1 世纪，凯撒为远征高卢而筹措军费，由于罗马帝国境内的银矿数量并不多，于是凯撒下令将含银量近 98％的罗马银币重铸成含银量较低的银币而面值不变，以此兑付了军饷。令人惊奇的是，当时罗马境内的物价水平并没有因此出现通货膨胀，反而出现了轻微下跌。个中缘由在于罗马人对这个给他们带来繁荣、安全和秩序的帝国充满了信任，并没有因为货币含银量的降低而对其失去信心——这意味着他们用稀释自己财富的方法去资助了凯撒的远征，而凯撒用胜利、丰厚的战利品以及盛大的凯旋仪式兑现了对罗马人的承诺，罗马银币的购买力不在于含银量的高低，它体现的是统治者的民意基础[①]。由此可见，货币发行机制是基于"承诺—信心"机制；无论是黄金还是美元，都是整个"承诺—信心"机制的晴雨表和温度计，而不是货币发行所依赖的"锚"。

当然，货币发行体系需要不断地验证它对人民的承诺才能巩固持有人对其的信任和对其发行货币的信心。受人民监督和约束的政府开支，民主选举，对外战争的胜利，不断增长的贸易顺差，经济增长但贫富差距没有扩大，稳定的社会保障体系盈余和先进的国家治理模式，等等，都为货币体系提供了信心。整个货币发行体系看似有"锚"，其实是一种透明公开的约束体系，约束货币发行人一定要捍卫人民的利益，保卫国家的安全，维持社会的公正并遵奉传统价值观念。如果货币发行人做不到这些，人民就会抛弃这种货币，到那时候，就是连印钞都解决不了问题了。

纵观世界货币史，可以从中清晰地看到一个逻辑，即信心是资产定价和货币发行的根本基础。人们对货币发行体系的信心来源于事实，而且还需要在事实中不断地验证才能得以巩固。这些事实不仅包括经济增长方式、社会治理体制、信仰的理论和倡导的文化，也包括是否提升了人的价值、捍卫了人的尊严和实现了人的梦想。如果认为

---

① 周洛华：《货币起源》，上海财经大学出版社 2019 年版，第 226—227 页。

信心是仅可通过宣传来建立的话，这一认识是违背了马克思主义唯物史观的。总之，人们对于货币的信心不是凭空产生的，而是这个国家的人民切切实实干出来的。

国家治理模式是整个货币体系的基础。如果一个国家的人民能够积极参与国家治理，能够享受到国家进步带来的繁荣，从而能够实现安居乐业和自己的理想，获得个人的发展，也就是说，国家为个人创造新的机会，个人能够创造新的财富；那么，这个国家的治理模式就是成功的，它的货币体系一定是稳定可靠的。①

从金本位看英国软实力建立

金银被认为是天然的货币，实际上黄金已基本失去了实用价值。对于贵金属的这种信任，很大程度上是源自人们对政府过度投放纸币的恐惧；如果没有这种恐惧的话，贵金属可能一文不值。按照巴菲特的话说，所谓黄金，就是从非洲或某些地方的地底下挖出来的，"然后我们将它融化，再挖一个洞把它埋起来，花钱雇人看守着"。其结论是，黄金"没有什么实际用途""如果火星上的人看到这一幕，他们一定挠头在想这到底是为什么"②。

英国是世界上最早实行金本位的国家。1816 年 5 月，英国议会通过《铸币法》，规定发行沙弗林金币为法定货币，用 22 开（11 盎

---

① 周洛华：《货币起源》，上海财经大学出版社 2019 年版，第 230 页。
② 刘洪：《巴菲特为何不喜欢黄金》，《经济参考报》2013 年 11 月 27 日。

司或者 91.67% 的纯度）标准金铸造，含纯金 113.0016 格令[1]；1821 年的法案规定，英镑作为英国的标准货币单位，每一英镑含 7.32238 克纯金[2]，这标志着英国正式采用金本位制度。但金本位并不是基于黄金储备的规模来发行纸币，而是基于承诺和信任的一种机制，即一种"见票即付"的承诺。如果英镑纸币的持有人不相信英格兰银行兑付黄金的承诺，他可以随时去要求兑付法定数量的黄金，英格兰银行保证"照付不议"。正是因为大多数人对英格兰银行的这个承诺深信不疑，英语中甚至有一句谚语"他像英格兰银行一样可靠"来形容一个人的可靠。基于对英国这个国家和货币发行机制的信任，几乎不会有人去向银行申请兑付实物黄金；相反，由于英格兰银行发行的纸币存入银行还会产生利息，而黄金存入银行不仅没有利息，还要付保险箱租用费，大家更愿意持有英格兰银行发行的纸币。在某种程度上，利息带来的"钱生钱"的幻觉，鼓励了大家持有英格兰银行发行的纸币，而不是去兑换黄金。

正是由于大众的信任，英格兰银行实际发行的纸币规模远远超过其黄金储备量。到第一次世界大战前，由于长期扩军备战，英国发行的纸币规模已经相当于其实际黄金储备量的五倍。由此可见，支撑金本位的基础并不是黄金，而是那些相信大英帝国能够带来繁荣和尊严的民众对这项货币制度的信心。那么，人们的信心又是怎么来的呢？

---

[1] Davies Glyn, *A History of Money from Ancient Times to the Present Day*, Cardiff: University of Wales Press, 2002, p.205.

[2] Davies Glyn, *A History of Money from Ancient Times to the Present Day*, Cardiff: University of Wales Press, 2002, p.210.

200 多年前，人们就知道英格兰银行的纸币发行量大于其黄金储备；显然，民众并不会相信大英帝国有足够的能力在未来获得更多的黄金储备以兑付现在过度发行的纸币，因为英格兰银行发行纸币的速度始终快于其积累黄金储备的速度。所以说，人们对货币制度的信心的基础是对当时英国体制和经济发展前景的信心。

1717 年，牛顿在担任皇家铸币局长期间，建议将黄金价格定为每金衡盎司（纯度为 0.9）3 英镑 17 先令 10.5 便士，将黄金与作为基准货币的英镑固定[①]，由此制定了金币的铸造标准。牛顿也被认为是英国金本位的奠基人。其实，他只是制定了铸币标准，而不是货币发行机制。后世的英国央行都宣称牛顿发明了金本位，这样做无疑增强了普通人对英国货币发行制度的信心。从某种程度上说，牛顿和笼罩在他头上的科学光环成为英国支撑货币发行机制的软实力。

尽管早在第一次世界大战之前，就已经有多种证据表明英国的黄金储备不足以兑付其纸币发行量，但是人们仍然选择性地忽略这些证据。英国在实行金本位后近百年的时间里，曾经有过短期的资产价格下跌，也曾经有过个别金融机构的倒闭，但没有发生过大规模的金融危机。这就说明，人们对一个国家体制的信心是该国货币发行的根本性的、也是最可靠的基础，金本位更多体现的是政府对人民的承诺和一种制度保证。英国建立起资本主义民主政治制度，限制了王权，强化了国家信用和私有财产保护，推动了国家公债制度的建立和完善，进而提高了国家的融资能力，降低了国家融资成本，完成了后世史家

---

①   C. R. Fay, "Newton and the Gold Standard", *Cambridge Historical Journal*, Vol. 5, 1935, p.87.

所谓的英国"金融革命"。金融革命的完成，为当时大规模的工业建设提供了资金支持，确立了大工厂的组织、生产模式，为英国率先完成工业化建设创造了条件，加强了英国的贸易优势，为英国的对外扩张与战争提供了强有力的保障。

所有这些国家治理体制和经济金融创新都是人们对英镑信心的来源，如果全体英镑持有人都对它的体制失去了信心，英国根本就无法兑付金本位承诺。为了维持人民对政府的信任，英国成为世界上最早的政府财政预算受议会约束的国家，这种约束政府"乱花钱"的机制，以及英国法律对个人财产权的保护，都给英镑持有人以信心。

布雷顿森林体系与美国软实力

第二次世界大战以后，各国在美国的主导下共同建立了"布雷顿森林体系"。该体系采用双挂钩制度，即各国货币与美元挂钩，美元与黄金挂钩；并规定，国际货币基金组织以美国 1934 年 1 月货币改革所确定的每盎司 35 美元为黄金官价，美国有义务满足其他成员国按照黄金官价用美元兑换黄金的需求①。作为该体制的设计者之一的凯恩斯很清楚，黄金和美元在这个体系中并不是起到货币稳定机制的作用，而是给那些不理解现代货币发行机制的普通人一种信心。一想到自己国家的货币和美元挂钩而美元和黄金挂钩，人们就会心安理

---

① John H. Williams, *Postwar Monetary Plans and Other Essay*, New York: Alfred A. Knopf, 1944, pp. 228–237.

得地持有并使用本国货币，这是战后经济在废墟中重建的必要条件之一。

在布雷顿森林体系里，各国只要保持对美国的贸易顺差就能够赚取美元，然后各国央行就以美元为储备发行本国货币（以下简称"本币"）。各国央行的美元储备量和本币发行量之间并没有严格的对应关系。该体系只是要求，当本币持有人要求兑付成美元的时候，各国央行有责任提供相应的美元，执行兑付保证。相应地，当各国央行向美国提出用美元储备兑付黄金的要求的时候，美国有责任收下它发行的美元，兑付相应数量的黄金。

从现在披露的数据来看，各国发行的货币（比如西德马克和英镑）数量远超其本国央行的外汇储备量，但并没有引起恐慌和挤兑；直到1971年尼克松总统宣布美元与黄金脱钩之前，美元的发行量已经长期超过美国的黄金储备量，也没有引发各国央行挤兑黄金。究其原因，还在于布雷顿森林体系在战后很长一段时间内能够给人提供信心。一方面，投资人只要看到各国维持对美出口产生的贸易顺差，且该国的财政赤字没有失控，就会认为该国未来足以有能力捍卫本币兑换美元的保证，因为这个国家的治理是健康可靠的，经济运行是有效率的，贸易顺差是增加的；另一方面，投资人只要看到美国继续维持科技和军事霸权，且美国的财政赤字没有恶化，就会相信美元的购买力只会增强不会削弱，就可以放心持有美元。

布雷顿森林体系的最后垮台，在很大程度上是美国软实力下降的结果。其实，货币史的研究者真正感到惊奇的，不是尼克松政府宣布美国关闭黄金兑换窗口，而是美元在退出兑换黄金的承诺之后，其购买力仍然保持了稳定。这说明美国建立了一个相当有效的国家治理体系，能够维持住人民对美元的信心。

央行资产负债表体现货币主权

脱离了布雷顿森林体系以后，各国的货币制度已经完全进入了"纸币时代"。各国由央行发行法定货币，不承诺兑现任何实物的黄金和外汇，也不依据任何条约将本币和数量化的指标挂钩。货币主权是纸币时代的一个国家所拥有的全部主权的一部分，是国家主权在货币发行领域的体现。货币主权意味着该国央行在发行货币的时候，可以独立于贵金属和外汇储备的限制；在制定货币政策的时候，可以独立于有约束力的国际条约；在应对金融危机的时候，可以不受外部势力的干扰。

一个国家的央行资产负债表体现了该国家的货币主权情况，对此可以借用资产负债表两端互不相关的原理（以下简称"M&M 定理"）来加以分析。1958 年，莫迪格利安尼（Modigliani）和默顿·米勒（Miller）发表《资本成本、公司财务和投资管理》一文，提出了资产负债表两端互不相关的原理。意即在有效金融市场上，一个公司的价值由其资产负债表的资产栏里面的盈利能力决定，而与该公司负债栏里面的融资方式以及股本结构无关。因资产盈利能力表现为资产负债表的左栏（资产），而股本结构和融资方式则属于资产负债表的右栏（负债），故又可称"公司价值由左栏决定，而与右栏无关"。其具体表现为公司派发红利的水平、公司增发股票的数量、公司资产和债务的比例等。而其中的融资活动都发生于公司资产负债表的右栏，都与公司的盈利能力和资产状况无关，所以对公司的价值不会有任何影响。

M&M 定理告诉我们，一个国家的央行大量印钞相当于同时创造了资产和负债。央行资产负债表的负债端是本币，这意味着央行在资产端投放基础货币的同时，在负债端增加了自身的负债。而且，这个负债并不是会计学意义上的负债，而是具有政治的意义，它意味着对人民的"责任"（在英语中，"责任"与"负债"是同一个词"liability"）。央行增加自身负债的融资成本绝对不是由所谓的"印钞成本"决定，而是取决于央行资产端的资产质量，即央行投放了那些货币以后形成的资产的质量，包括其所取得的回报和所承担的风险。因此，不能简单地把货币视作资产，货币同时也是负债、责任、制度和秩序。

虽然 M&M 定理最初主要用于给企业估值，很少被用来解释央行的资产负债表，但是从 M&M 定理可知，印钞不创造任何新的价值，也就是说货币根本不是资产，甚至可以说金属货币也不是资产。从根本上讲，货币是一种制度，它可以对经济体内的个人和企业提供激励和约束。只要努力勤奋工作就有可能获得回报，只要承担风险就有可能获得回报，只要勤俭节约就有可能获得回报——这些都是货币制度对人的约束和激励的体现。我们也应该看到，货币制度本身需要人的参与、信任和捍卫；脱离了人的货币制度，根本就毫无价值。

央行确实可以随意创造出基础货币，但创造货币的同时也实实在在地创造了负债，这两者同时发生，而且都具有现实的政治意义和深远的社会影响。央行投放货币，从政治学角度来看，是增加了自己对人民的负债；从金融学角度来看，是向市场借了"时间"，要产生更高效率的回报，才能避免纸币持有人的财富被稀释。央行创造的货币，可以购买外汇，可以用于挽救陷入困境的金融机构，也可以帮助地方政府改善财政状况，或者用于纾解国有企业困境。归根结底，这些投放下去的基础货币一定要取得良好的回报，才能产生更高的效益，才能使得货币不贬值，人民群众储蓄的购买力才不受影响。总之，央行增发货币相当于用稀释全体货币持有人当期购买力的方法从人民那里借到了时间，央行的资产如果不能在这段时间内产生更高的效益，货币发行体系就很可能失去人民的信任。

美国 2008 年发生金融危机时，美联储果断扩张资产负债表，从 8000 亿美元扩张到近 3 万亿美元；美联储用印钞的方法给金融机构纾困，挽救了美国金融体系。但是，美元汇率和美元购买力并没有垮掉，应该归功于美国央行所拥有的货币主权。反观 1998 年东南亚金融危机期间，亚洲多国央行却因受制于外汇储备和外债水平的限制，无法采取印钞扩张资产负债表的方法来挽救本国金融机构。它们的央行一旦投放基础货币，就会立即引发市场恐慌，导致汇率下跌，进一步刺激资金逃离，从而引发更大的危机。两场危机的鲜明对比就揭示出了拥有货币主权的重要意义。

增强"货币自信"，捍卫中国货币主权

只有拥有货币主权，一个国家的央行才能建立独立的货币发行机

制，才能拥有全部的货币工具，才能通过基础货币投放来支持本国经济的发展。而人民对该国国家治理体系的信心才是央行货币主权的来源。

改革开放 40 多年，中国经济取得了长足进步，中国不仅成为世界第二大经济体，而且国家治理能力与治理体系也日益现代化，拥有足够的韧性，能够抵御各种经济社会风险。在这样的大背景下，人民币的货币发行机制就不应该再受制于外汇储备量的规模，而是应该"以我为主"，根据中国自主国情和政策目标来决定货币的投放量和投放方式。人民对货币发行体系的信心越强，就越不需要参照外汇储备这个"锚"，货币发行体系也就越独立。

中国独立的货币发行机制是中国战胜未来任何潜在金融危机的根本保证。要打破市场对人民币稳定的约束：如果市场认为只有当中国的外贸顺差扩大，外资流入增加，外汇储备规模扩大的情况下，才能认同人民币的汇率水平，才接受人民币作为支付手段，这就限制了中国央行处置金融风险的能力。这是中国崛起必须跨越的一道门槛。

要让市场对人民币的信心建立在对中国治理体系的基础上，而不是外汇储备规模的基础上。如果投资人对中国的政治体制、行政机制、市场环境、资产价格、估值体系、交易架构、公司治理、执法环境、立法架构和司法保障等一系列国家治理体系建立了信心，产生了信任，就能够建立一个独立于美元或贵金属的货币发行机制。市场需要的不是一个"锚"，而是先进的国家治理方式；只有当一个国家缺乏这种治理方式的时候，才被迫用"锚"来赢得市场对货币的信心。

中国的国家治理体系不仅符合中国国情，也符合新时代特征。"四个自信"即制度自信、理论自信、道路自信和文化自信，已经体现了人民对中国国家治理体系的信任和信心——这也必然带来所有人民币持有者对这个体系所发行的货币的信任，亦即"货币自信"。货币自信的建立是一个漫长的过程，需要反复验证和巩固。回望中国走过的道路、战胜的困难、取得的成绩、赢得的赞誉，完全有理由建立一种"货币自信"。某种程度上，货币自信同样是对国家治理能力与治理体系的信心。

推进改革捍卫货币主权。只有推进改革才能捍卫我们的货币主权，使得央行的资产负债表左端的资产变得充满活力，使得市场对央行资产负债表的右端保持信心。依据 M&M 定理的第二推论，资产端的回报提升了以后，负债端的风险和融资成本就会自然降低。因此，效率的提升和效益的改善，不仅能够提升资产质量，还能够有效防范风险。防范和化解潜在金融风险的关键并不在于负债端的加减法，而在于拿这些资产去做什么以及怎么做，如果做好国有企业、财税和金融改革，就能够守住不发生系统性风险的底线，为改革赢得更多的时间，就不会辜负人民对治理体系的期望。毕竟，改革的时间是向人民借的。

只有拿出"刀刃向内"的改革勇气和"撸起袖子加油干"的改革干劲，才能让人民相信我们对改革的承诺，才能让人民耐心等待改革实效，才能在央行投放超量货币以后继续保持物价的稳定，才能让人民满意、党放心。

在拥有货币主权的国家，央行可以通过印钞的方式来投放基础货币，同时也必须承担巨大的融资成本。因为印钞的融资成本就是人民对改革的期望与信心。越是在关键领域踌躇不前，越是在关键问题上迁延将就，就需要印更多的钞票，向人民借更多的时间，也就意味着融资成本会越来越高。如果改革既没有取得突破性进展，也没有达到预期效果，那就浪费了宝贵的改革时间，辜负了人民的期望，并将招致巨大的风险。这种风险就是人们不再相信央行发行的货币，那时无论政府再怎么提出新的更漂亮的改革承诺，无论央行再怎么印钞，都于事无补。

任何国家的金融体系始终都是一种脆弱的平衡。而维系这种微妙平衡的始终是人民对体制的信心。如果推进好国有企业的改革，让其焕发勃勃生机，产生巨大收益，并完善现代公司治理，使得国有股得到更高的回报，就能够为这些企业赢得市场信心，为改革赢得更多的时间。只要国有企业改革取得进展，人民看到改革的实效，就会继续支持改革。此外，地方政府的财税改革和金融机构改革也需要同时发力。防范和化解金融风险，守住不发生系统性金融风险的底线，还得要真抓实干地推动改革。

相信只要落实好党中央的各项部署，就能够使我国在应对将来潜在金融危机时拥有真正的"看家法宝"，也真正能够拥有并捍卫好完整的货币主权。在发生金融危机时，拥有货币主权的国家能够用央行扩张资产负债表的方法来印钞，挽救困境中的金融机构，避免发生系统性风险。而且，央行的印钞决定不受黄金和外汇储备等外部条件的约束，可以自主决定资产负债表的规模。因为当前我国拥有强大的经济实力、庞大的市场以及良好的发展前景，这样做并不会引发货币贬值与市场恐慌。正是因为人民对国家治理体系充满信心，对货币稳定性充满信心，人民对改革与发展的前景充满信心。这就是我们国家强大的软实力。

金融体系中最核心和最基础的货币发行问题，事关国之根本，其重要性远远超过了金融学的范畴。人民对国家体制的赞成和拥护是验证经济增长方式最好的办法，也是奠定货币发行体系最根本的保障。只要人民对货币发行体系有信心，就能保持货币购买力的稳定，就能维护和捍卫整个社会的激励机制和价值观，就能够发挥货币政策应有的作用，就能够防范和化解金融体系中的各类潜在风险。在这个意义上，中国特色社会主义的道路自信、理论自信、制度自信和文化自信是整个金融体系的基础，尤其是建立独立的货币发行机制的基础。

（周洛华：中国人民大学重阳金融研究院副院长、研究员；卞永祖：中国人民大学重阳金融研究院研究员）

负利率蔓延与中国金融软实力建设

[导读] 负利率现象自 2014 年起开始在欧洲、日本、美国等西方发达国家蔓延，成为百年未有之大变局下国际金融的新特点。这种现象源于西方国家经济"脱实向虚"，导致资本贬值，国际博弈愈发激烈，原有的社会发展平衡被打破。中国应借此机会在全球价值链视角下，通过调整资金，利用资本与资产的生成过程和国际格局面临重组的机遇，进行产业革命。并且配合"一带一路"倡议，加快人民币国际化脚步，提升自身金融软实力。

21 世纪第三个十年到来之际，负利率作为事关世界经济所有环节的重大影响因素正在被热议。简单来说，负利率意味着在银行存款不但得不到利息收入，反而要向银行交费，当然，现实中负利率的情形要更复杂一些。自 2014 年 6 月欧洲央行首次将隔夜存款利率调

至 –0.10% 以来，西方经济中利率为负值的债券、存款乃至贷款等资产规模迅速扩大。国际清算银行数据显示，截至 2019 年 11 月，全球负利率债券规模已超 17 万亿美元，约相当于全球 GDP 的 20%，其中典型情况如三分之二的欧洲债券到期收益率为负值。

需要看到，负利率蔓延是经济运行发生结构性变化的重大信号，并非源于政策设计。负利率虽然首先出现在发达经济体，但背后的规律是全球性的；负利率的影响范围绝不限于金融领域，而是涉及全球经济乃至社会方方面面。下一个十年，负利率将是世界变局深化发展的重大推动因素之一。

负利率源于西方经济"脱实向虚"

借钱要付利息，因此利率必然是个正数，这是形成已久的常识，然而，负利率出现却打破了这一人类社会的"天然"规律。

负利率这样反常识的现象是如何出现并蔓延的？其实，从常识出发稍加推理即可明白其中玄机。首先，什么是利率？是为了借钱而付给资金借出方的利息。借钱通常是为了投资，而投资将产生收益，于是分一部分收益给资金借出方也合情合理，这就是利率。投资为什么会产生收益？因为投资的对象——可称为资产，能够产生投资回报。由此不难得出：利率是资金与资产关系的体现，利率为正，反映的是资金有成本，利率越高则说明资金成本越高。假如利率一直降低，直到跌破零，成了负利率，反映的是什么呢？那就是资金的成本越来越低，降低到了"零成本"仍未停止下降，于是出现了资金对资产的"倒贴"关系，资金相对于资产来说越来越"不值钱"的状态，这就是负利率。

负利率出现并不断蔓延，说明一个社会中资金很"廉价"，而资产价格却不断上涨。这是怎样发生的呢？

2008年国际金融危机爆发，西方各国央行纷纷采取被称为"印钞救市"的政策，即通过央行直接从市场上买入债券为主的资产，把资金注入市场，以维持资产价格。其中仅美联储通过三轮"量化宽松"操作，就把其自身资产负债表从约1万亿美元规模经过五年左右时间扩大到了4.5万亿美元，直接释放了超过3.5万亿美元资金，经过金融市场的杠杆放大效应，大约相当于"创造"出至少30多万亿美元的可投资资金。由此，"廉价"的资金产生了。30多万亿美元是多少钱？不妨比较一下：2019财经年度美国的GDP约为21.2万亿美元，同一年中国的GDP按汇率折算约合14.4万亿美元。

上述例子仅说明了美元的数量增加，而其他一些西方央行实施"刺激政策"的力度也不遑多让。美元、欧元、日元、英镑等来自西方经济体的货币通过"宽松"总共释放出了多少资金呢？这是一个连国际权威机构也没有准确答案的问题，只能说恐怕要以"百万亿美元"为单位计。

这么多的钱去哪里了呢？既然钱是用来投资于资产的，得足够大的资产"池子"才能把这么多钱"装进去"。由于资金量实在太大，西方经济体中比较方便购买的资产如债券、股票、房屋等全都加起来也"不够用"，于是，资产与资金的关系"倒转"发生了。

那么，从被投资的资产角度看，例如股票价格高涨，会不会使公司由于得到了廉价资金而扩大生产规模，进而实现利润增长，推动利率回到正值呢？对个别公司而言，是可能的；但宏观来看，答案是否定的。因为早在 2008 年金融危机发生前，上述经济体的"脱实向虚"过程就已经发展到很深的程度了：大量实体经济环节已经外移，留在本土的往往是更容易"直接"表达为财务数字的金融业和部分服务业。

这时维系本土资产投资回报率的主要动力已然是"资金空转"带来的会计收益，而非销售收入。2008 年金融危机爆发可以看作是"脱实向虚"到一定程度发生的资产泡沫崩溃，而货币政策"大水漫灌"则是从更加"虚"的角度"撑住"资产价格的过程。也就是说，"脱实向虚"发展到金融危机，再经历了"大水漫灌"，才产生了负利率出现并蔓延的现象。因此，负利率是经济"脱实向虚"深化发展到一定阶段的后果，它是经济"越来越虚"的表现，不会带来"脱虚返实"的理想结果。

负利率将导致国际博弈日趋复杂

尽管有的西方央行也把主动压低利率到负值作为政策选项之一，但负利率只能直接导致债务增加，而债务增加后下一步是"产业发展"还是"资金空转"，则要看该国市场能否提供比资产在名义上保值增值更有吸引力的投资机会。说到底，负利率是全球化条件下出现的新现象，只有放在全球化视角中才能看清，但负利率的影响却不仅是全球的，更是微观的、社会的。

　　一是国际博弈角力点在转移。如果一国的利率长期下行或是保持在零附近的水平，则说明资产价格存在大跌隐患，正在拼力维持，这时，该国资产整体上较高的估值水平是脆弱的，受到外部冲击时有可能崩盘。负利率现象全球蔓延说明世界上有越来越多的资产变得脆弱。这就导致打压对方资产估值成为国际博弈中日益常见的手段，尤其是有着极强"创造货币"能力的国家更有动机这样做。20 世纪 90年代以来，一些区域性金融危机中，人为动机很明显；2008 年之后很多地缘政治冲突中也暴露出打压对方阵营估值水平的因素。传统上，国际博弈往往围绕贸易利益的分配；而负利率条件下，属于投资领域的国家间估值水平较量日益显现为国际博弈角力点。

　　二是社会发展平衡点被打破。负利率蔓延在西方社会已经导致贫富差距和人口年龄结构打破了以往的平衡，其中的规律意味深长。40多年来，西方社会普遍经历了利率水平长期降低的过程，这一过程的另一侧面是房屋、股票等各类资产处在长期增值趋势中。法国经济学家皮凯蒂的《21 世纪资本论》一书所揭示的"资产收入增速相对于劳动收入增速来说变得越来越快"现象，以及"1%"富人相对于"99%"人口在国民收入中的占比打破了长期相对平衡关系，都是资产估值增速与劳动报酬增速之间比例关系变化的后果。[①] 这种变化的另一个长期后果是西方社会的"高龄少子化"加剧。年龄相对较大的人口在其年轻时以相对较低的价格获得了房屋等资产，随着资产变得越来越值

---

① 　皮凯蒂、巴曙松：《21 世纪资本论》，《中国投资》2014 年第 11 期。

钱，持有者越来越不愿意出手。年轻人获得资产的难度变高，但由于资金"廉价"，由教育、消费等途径导致的债务负担增长却变得"容易"，生育意愿随之降低，"高龄少子化"日趋严峻。

三是产业革命制高点更抢手。财富分配日益失衡加上"高龄少子化"加剧，使得西方国家普遍出现市场饱和。在市场饱和情况下，不会出现通过打开新的销售空间带来实体经济新一轮繁荣的局面，于是，通过产业革命形成大量新的高价值资产来吸收大量资金就成为唯一出路。低利率环境下，大量资金会在短时间内涌向新兴产业"赛道"上的"领跑者"，同时带来大量资源，形成定义细分领域竞争格局的能力，使"跟跑者"难以赶超。在此形势下，各国都希望抢占新一轮科技和产业革命的制高点，即能够延伸为全球产业和价值链的增长点，创新领域的国际竞争将更加激烈。

中国在世界格局中的新机遇

中国需要做好准备长期面对负利率蔓延的国际环境。表面上看，国内外利率水平存在巨大差异的经济环境如果长期化，会导致很多不利因素。然而，立足负利率的经济与社会根源加以分析，可以看到其中对中国发展的有利因素多于不利因素，中国所处的发展战略机遇期并未过时，甚至有新的重大机遇正在打开大门。

国际国内利率环境差异的经济与社会根源在于，中国有一个总体上干劲十足、拼搏上进的"奋斗型"社会环境，而西方社会总体上已处于"守成型"氛围。在"奋斗型"社会环境中，创造新增社会财富的源泉涌流，投资获得回报的机会大于出现损失的可能性，因此有相对较高的利率水平；而在"守成型"社会中，市场已经饱和，能够创造新增社会财富的源泉日渐稀少，大量资金只有投入到能够长期保持稳定的资产中才比较安全，因此表现为低利率乃至负利率环境。

"奋斗"与"守成"差异带来的利率环境区别，意味着中国成为世界上最大的社会财富创造热土，对全球资金有着巨大吸引力。扩大金融开放，让外部资金进入的大门开得更大，将有利于全球资源来到中国市场上参与配置，为中国经济迈向更高质量注入能量。只要有高水平的金融监管体系，有效吸收有利于中国发展的中长期资金，防范短期游资炒作，就能控制其中的风险。

中国有全球五分之一的人口、人均 **GDP** 超过 1 万美元的发展水平，在数字化与人工智能引领新一轮产业革命的背景下，这是缔造下一代经济结构的巨大优势。当前，创造新增社会财富的最显著方式，是把传统经济环节数字化之后，引入数字空间，让互联网与人工智能使之焕发新动力。这种方式最重要的资源就是大量传统经济环节中蕴含的人类劳动方式，以及经济活动产生的大数据。而这两样，中国最富集。

大数据是当今时代最重要的资源之一，而它也会压低利率——因为数据不会因使用而损耗，即数据资源天然保值增值而投入其中的资金会累积。于是，拥有世界上最富集的新型经济资源意味着中国具有这样的潜力：以科技创新吸引大量"廉价"资金聚集，使具有高估值的新型资产如高铁网、下一代通信网等快速铺开，带动传统上低估值的资产如农业资产进入广阔市场，实现发展方式根本转型。这可以看作是一条资产—资金关系新条件下的金融强国之路。

资本生成与资产生成：全球价值链视角

立足当今的历史方位，把目光放长远一些，才能看清全球资金—资产关系演变的宏观图景。

全球化是一个把投资—生产—消费的价值链条拉长到跨国、跨大洲范围的过程。这一过程中，一些在"中心—外围"格局中处于"外围地带"的新兴市场或发展中经济体生产能力快速提升，消费能力逐渐升级，与此同时，发达经济体的投资能力并没有下降。于是，从全球视角看，作为同一个大循环内不同组成部分的资产生成过程与资本生成过程，在空间上从通常集中在一个国家内部演变成了全球化分布。

微观看，价值运行可以用资产负债表来呈现。资产负债表的左侧（资产端）反映出为了经营一个法人单位而投入的资源，如厂房、设备、现金、存货等，右侧（负债端）反映出"为了什么而经营"，如股东权益、员工工资、有待偿还的债务等。在法人单位之间，一个法人单位的负债可能是另一个法人单位的资产，这种关系是供应链上下游关系的财会表达，可称为价值链。把整个价值循环内的大量资产负债表综合起来看，则呈现出宏观图景，如总资产的形成、总负债的数量与传导。

宏观看，价值循环随着价值链延长而扩大。单就资产生成过程或资本生成过程而言，仍主要发生在一国范围内，但两者结合起来形成的价值循环已全球化。

资产是能够带来预期回报的可投资对象。资产不是自然生成的，它是人类社会的产物。例如一座山，在自然状态下可能已经存在了几亿年，只有当它被纳入某张资产负债表，它才成为资产，这同时意味着它预期会被纳入某种经济过程，如采矿或旅游。自然资源或人力资源被纳入资产负债表，就成为资产。资产会通过经营活动而增加价值并形成积累，成为存量资产，这一过程可称为资产生产过程。

存量资产被代表权益的凭证符号化之后，可以进入金融交易领域，这个过程可称为"金融化"。20世纪70年代金融工程方法被引入金融行业后，西方经济体普遍开始了日渐深化的"经济金融化"过程。通过金融化，存量资产被变成资本，可进行投资，这就是资本生成过程。在此意义上，资本是具有价值放大能力的资产的集合，而资金则是资本的符号——是具有流动能力的资本的符号。投资方与被投资方之间通过资金连接起来。

资本生成过程与资产生成过程可概括为如下两个公式：

资本生成过程：存量资产→金融化/金融创新→资本形成→（债权方）存量资本（公式1）

资产生成过程：存量资本→产业化/产业创新→资产形成→（负债方）存量资产（公式2）

两个公式合并起来，是由资金连接起来的价值循环。

当今世界，作为"世界工厂"的中国是主要的资产生成中心，这是因为工业产品会产生销售额，带来现金流，而折现现金流则决定企业的估值，随着销售扩大企业资产会增值，从而形成资产积累。而西方经济体仍是主要的资本生成中心，负利率现象的蔓延表明在西方经济体内部资金—资产关系已经变化，如何在全球范围内应对这种变化，将塑造下一个阶段的国际关系格局。

负利率背景下的国际格局重组

负利率现象蔓延，意味着西方经济体内部的存量资产日渐稀缺，反映出西方经济体普遍处在资产生成能力不足的状态。在此背景下，国际关系格局的走向很大程度上取决于上述价值循环碎片化还是扩大化。

当前国际关系中，英国脱欧属于价值循环碎片化过程，而中美两国达成第一阶段经贸协议，避免所谓"脱钩"则属于价值循环扩大化过程。

中美第一阶段经贸协议中，把"中国从重要的知识产权消费国转变为重要的知识产权生产国"作为基础性共识，放在第一自然段中。

如果我们考虑到新一轮科技和产业革命是当前世界经济议题的基本背景，则应该就负利率现象与科技进步之间的关系建立认识。

在先前的研究中，笔者提出从工业革命至今科技进步对经济发展的作用表现为"标准化→批量化→系统化→信息化→智能化"五个阶段。①

当代新产业、新业态、新商业模式中，信息化和智能化都是主要驱动力。而信息化和智能化都以数据作为主要生产要素，由发明、外观设计、文学和艺术作品以及商标、名称、图像等共同构成的知识产权体系则是数据的法律载体。中国的市场规模和经济发展水平两者结合起来，在世界上具有无与伦比的数据生成能力，具有形成世界上最大的数字资产体系的潜力。而这种潜力要想转化为现实财富，需要大规模资金投入。

西方经济体普遍处在"资产日益稀缺、资金日益过剩"状态，能否让西方的资金更多投入到中国呢？通过上一节列出的两个公式，我们可以认识到，完全可以，但价值循环必须形成一个闭环，即基于西方资产生成的资本可以投资到中国，基于中国资产生成的资本也可以投资到西方，这样价值循环才能够有效扩大，可以称之为"联合报表式合作"。

还可以得出：联合报表式合作能否达成，主要取决于合作参与方当中有没有强大的资产生成中心。英国脱欧过程中，双方都以资本生成能力为特点，而缺少资产生成中心，因此缺乏通过联合报表式合作相向而行的内在动力。

把负利率蔓延这一因素考虑进来，它意味着在信息化和智能化背景下，可以带来资产负债表扩大的资源会升值，而不能带来资产负债表扩大的资源，如消费品，则会贬值。信息化和智能化实际上是通过

---

① 贾晋京：《大创新时代的工业化思考——面向 21 世纪的"工业党"世界观》，《东方学刊》2019 年第 2 期。

把人的劳动能力转移给机器，让机器发挥出强于人类的效率优势实现经济价值的。因此，人的劳动能力凭证化之后的表达形式——知识产权，就成为新一轮科技和产业革命的关键因素。作为新的经济条件下增量资产的主要源泉，知识产权的价值会得到系统性重估，意味着人力资本会升值。而存量资产，如农业资产的价值，也会得到重估。

坚定金融开放促中国金融软实力提升

正如上文所述，在这一轮全球负利率的变革中，不仅给全球金融格局重组带来了新的变化，更给中国金融开放以及中国金融走出去增添了很多变量，但是中国坚定金融开放的步伐不会停歇。

从 2018 年到 2019 年，在短短的一年内，中国领导人与金融业高层在公开场合数次对于扩大金融行业对外开放做出坚定表态，甚至在 2019 年的政府工作报告中，金融行业对外开放被作为一项重要工作内容纳入新一年的政府工作计划中，足见中国政府对其的重视与信心，相关部门积极修改法定程序落实具体措施，其政策支持力度之大、频率之高实属罕见。在积累了 40 多年对外开放的宝贵经验，在深刻认识到中国的实际情况之后，中国政府已经具备信心将中国金融打造成更加自由、更加开放的国际市场，吸引来自全世界的投资者在这片热土上共同耕耘与收获，中国政府对此所予以的政策支持从质与量上都足见其雄心壮志与不凡气度。

在这一过程中，不仅要练好内功，更要积极参与国际金融机构改革，推动中国主导的国际金融机构的发展壮大，不断提升中国的国际金融话语能力以及金融软实力。虽然在原本以发达国家为主导的全球金融治理体系中增加了新兴市场国家的股份与投票权，发展中国家的话语权得到提升，但目前国际金融机构仍旧处于受到发达国家强大经济金融实力的影响。而中国另辟蹊径，推动了亚洲基础设施投资银行（亚投行，AIIB）的成立，牵头发起了"一带一路"倡议，为中国参与地区乃至全球金融治理提供了渠道，也为更多发展中国家带来了发展的机遇与平等的话语权。世界的经济金融曾数次遭受一国强权所带来的危害，不论是因"特里芬难题"①而瓦解的布雷顿森林体系还是2008年席卷全球的金融危机，历史的经验与教训告诉我们，全球经济金融的发展与治理不可严重依赖于一国货币或一国强权，而是需要使得国际货币储备体系实现多元化，需要世界各国参与的全球金融治理中，以"共商、共建、共享"的理念积极承担应尽责任，进而享受全球金融治理带来的益处，作为世界上第二大经济体、最大的发展中国家，中国更是责无旁贷，当以更加积极的姿态、更加高水平的方案参与到全球金融治理之中，展现大国风范。

与此同时，我们还应该看到我们在国际金融机构中的参与感仍有巨大提升空间。据日本《每日新闻》报道，联合国会费委员会日前公布的2019年至2021年的联合国各成员国常规预算报告书中，中国的会费分摊比例从7.921%上升至12.005%，超过日本升至第二位。然而，与高额会费形成鲜明对比的则是在联合国任职、特别是担任高级

---

①   Robert Triffin, *Gold and the Dollar Crisis: The Future of Convertibility*, New Haven: Yale University Press, 1960.

职务的中国人不多，这与我国作为常任理事国及会费捐赠大国的地位不匹配。而一个国家输送的国际组织人才数量也是判断该国参与国际组织深度与水平的标准。在国际组织中担任高级职务，除了拥有融入国际体系的现实意义，更具有扩大该国影响力以及增加该国话语权的长远意义。此外，中国金融软实力仍然面临很多困难。①

首先，致力于建立和完善人民币货币发行机制，然后再探索人民币汇率机制。汇率是结果，货币发行机制才是原因。② 中国提升金融软实力，就不能依靠和美元汇率保持稳定来树立金融强国地位，要有真正的"金融独立"③。

其次，保持人民币币值稳定，不能只对美元汇率保持稳定。2004年2月1日实施的《中华人民共和国中国人民银行法》规定，货币政策目标保持货币币值稳定，而不是汇率稳定。但是中国人民银行在实际执行货币政策时只保持了人民币兑美元汇率的稳定，而没有保持人民币币值的稳定，人民币兑欧元、英镑、日元、加元甚至俄罗斯卢布、巴西货币都在贬值。④

最后，加速人民币国际化进程，提高人民币在国际贸易中的结算地位。要提高人民币在国际贸易中的结算地位，可先从地区贸易层面入手。中国与周边多个国家和国家集团缔结了自由贸易协定，中国可以先在与这些国家的贸易中推广人民币。如中国—东盟人民币贸易

---

① 冯海红：《我国金融软实力现状及发展策略》，载《第二届（2012）国际软实力学术研讨会论文集》，2012 年。

② 周洛华：《人民币应该走自己的路》，《上海证券报》2011 年 8 月 8 日。

③ 周洛华：《中国有货币发行体系吗?》，《中国经营报》2011 年 8 月 8 日。

④ 周洛华：《中国货币发行机制究竟是什么?》，《经济研究信息》2008 年第 2 期。

圈、中国—俄罗斯—蒙古人民币贸易圈。此外，中国还可结合"一带一路"倡议，向"一带一路"沿线国家（地区）推广人民币作为结算货币。

（贾晋京：中国人民大学重阳金融研究院助理院长、研究员；关照宇：中国人民大学重阳金融研究院副研究员）

参考文献

[1] 谭小芬、李昆：《负利率的理论基础、实施效果与中国对策》，《国际金融》2017 年第 5 期。

[2] 马理等：《负利率真的有效吗？——基于欧洲央行与欧元区国家的实证检验》，《国际金融研究》2018 年第 3 期。

[3] 王晗：《安倍经济学与日本银行量化宽松货币政策研究》，博士学位论文，吉林大学，2019 年。

[4] 贾晋京：《大创新时代的工业化思考——面向 21 世纪的"工业党"世界观》，《东方学刊》2019 年第 2 期。

[5] 王喆、张明：《"一带一路"中的人民币国际化：进展、问题与可行路径》，《中国流通经济》2020 年第 1 期。

中国当前金融形势及政策取向分析

［导读］本文基于"中国金融形势总指数"（CAFI）及其分项指数，分析了 2020 年上半年中国金融形势的总体状况及其结构性特征，并提出了货币政策应继续保持稳健宽松的取向，信贷政策和汇率政策应更加积极主动，以"熨平"新冠肺炎疫情和国际经济冲击所造成的经济金融波动等政策建议。

中国金融形势指数的构建

本文关于中国金融形势的分析基于中国人民大学财政金融学院中国金融形势分析团队编制的"中国金融形势总指数"（China Aggregate Financial Index，CAFI）及其分项指数展开。CAFI 的主要目标是以高度概括、易于比较和追踪的指数化处理方式，形成对中国总体金融形势的量化判断，同时其分项指数用于反映中国金融体系内部各主要市场的结构性变化情况。

CAFI 的分项指数具体包括货币形势指数（MSI）、信贷形势指数（CSI）、股票市场形势指数（SSI）、债券市场形势指数（BSI）、汇率压力指数（EPI）和房地产市场形势指数（RSI）。

CAFI 及其分项指数可以直观方便地对中国宏观金融形势及其结构性变化进行动态追踪、分析和研判，并能持续有效地对中国金融运行的景气程度及其潜在风险因素进行动态监测和早期预警，可以成为市场投资分析的重要指针和宏观政策决策的重要依据。

（一）分项指数及指标

本文构建 6 个子市场的形势指数一共使用 40 个基础指标，其中用于构建 MSI 的基础指标为实际利率、实际有效汇率、货币供应量和流动性溢价；用于构建 CSI 的基础指标为广义信贷总量同比增速、商业银行资产利润率、净利润同比增速、不良贷款比例、广义信贷总量与狭义信贷总量之比、贷存比、风险价差和赫芬达尔—赫希曼指数；用于构建 SSI 的基础指标为股票价格指数、市盈率、换手率、成交量、新开户数和 AH 股溢价率；用于构建 BSI 的基础指标为债券交易量、换手率、国开债—国债利差、10 年期国债收益率、期限利差、债券发行量和信用利差；用于构建 EPI 的基础指标为汇率变动率、外汇储备变动率、中美利差、贸易差额同比变化额、中美通货膨胀率差、短期资本流动和 VIX 变动率；用于构建 RSI 的基础指标为商品房销售价格、商品房销售面积、房屋新开工面积、房屋竣工面积、土地购置面积、房地产开发资金、房地产开发投资完成额和房地产开发投资杠杆率。[①]

为直观反映每个基础指标的变化对分项指数波动的影响程度，与文献中的标准做法一致，首先对所有基础指标采用 Min-Max 方法进行去量纲处理，然后分别采用等权重、波动性加权和主成分加权三种加权方案合成分项指数。如无特别说明，后文中使用的分项指数均为采用"主成分加权方案"合成的分项指数。[②]

（二）综合指数的构建方法

CAFI 由 MSI、CSI、SSI、BSI、EPI 和 RSI 六个分项指数加权综合得到，具体包括两个步骤：

首先，为去除各子市场指数量纲差异所造成的影响，对各分项指数（主成分加权下）进行如下标准化处理：

$$Index\_norm = \begin{cases} \dfrac{Index}{Max(Index)} \times 100, & Index > 0 \\[4mm] \dfrac{|Index|}{Max(|Index|)} \times (-100), & Index < 0 \end{cases}$$

[①] 各基础指标的含义及数据来源具体可参见中国人民大学财政金融学院定期发布的《中国金融形势分析报告》。

[②] 各分项指数构建方法及分析详见《中国金融形势分析报告》。

上式中，Index 为原始的分项指数，Index_norm 为标准化处理之后的指数。为简单直观起见，标准化处理后的指数总体位于 [–100，100] 的区间范围，其中 [–100，0] 对应金融形势下行（低于趋势或均衡水平）的状态，且负值越大，表示对应的景气程度越低（即金融形势"越冷"）；反之，当指数位于 [0，100] 的区间时，对应金融形势上行（高于趋势或均衡水平）的状态，且正值越大，表示对应的景气程度越高（即金融形势"越热"）。

在对四个分项指数进行标准化处理后，第二步是将标准化后的分项指数按照一定的权重方案合成综合指数（即 CAFI）。与文献的常见做法一致，采用以下三种具体的权重方案：

（1）等权重法，即对各分项指数进行简单算术平均得到总指数。

（2）波动率倒数法，即根据各分项指数的波动性状况进行加权得到总指数。第 i 个分项指数的权重 wi 的计算方式如下，其中，σ_i^{-1} 表示第 i 个分项指数的波动率倒数：

$$w_i = \frac{\sigma_i^{-1}}{\sum_{i=1}^{n} \sigma_i^{-1}}$$

（3）主成分分析法，即以每个主成分的方差贡献率为权重，对主成分进行加权得到总指数。

为便于直观说明，我们将第二步计算得到的 CAFI 数据再次标准化[1]，然后根据 CAFI 数据的历史分布，将 CAFI 划分为以下 6 个代

---

[1] 标准化方法为 Min-Max 方法，处理后的历史指数位于 [–80，80] 的区间范围，最终指数区间限制在 [–100，100] 的范围。

表性区间：

（1）CAFI 位于区间［0，30］为"正向温和"，表示金融总体形势处于温和上升的复苏阶段；

（2）CAFI 位于区间（30，60］为"轻度繁荣"，表示金融总体势处于持续上升的扩张阶段；

（3）CAFI 位于区间（60，100］为"重度繁荣"，表示金融总体形势处于加速上升的泡沫化阶段；

（4）CAFI 位于区间［0，–30］为"负向温和"，表示金融总体势处于轻微下行的调整阶段；

（5）CAFI 位于区间［–60，–30）为"轻度偏冷"，表示金融总体形势处于持续下行的收缩阶段；

（6）CAFI 位于区间［–100，–60）为"重度偏冷"，表示金融总体形势处于过度下行的紧缩阶段。

中国金融形势分析

（一）总体分析

基于基础数据的可获得性，CAFI 最早的时间起点为 2008 年二季度，之后持续更新。在样本期内，三种权重方案下的 CAFI 走势如图 1 所示。从图 1 的结果来看，三种权重方案下的 CAFI 走势基本一致，数值差别不大，其中"波动率倒数加权 CAFI"大致位于"等权重 CAFI"和"主成分加权 CAFI"之间。理论上，上述三种权重方案各有相对比较优势，在彼此间差别不大的情况下，为避免赘述，同时考虑到主成分加权方案能够剔除指标之间相关性所带来的重复计算问题，我们选择使用"主成分加权"的 CAFI 作为代表进行后续分析。

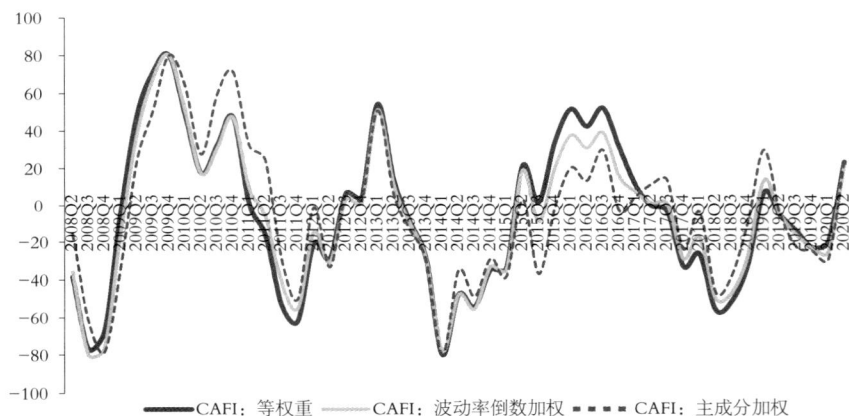

图 1　2018 年二季度—2020 年二季度中国金融形势总指数（CAFI）

从 CAFI 的历史表现来看，其走势较好地反映了样本期间中国金融体系运行的现实情况。比如，2008 年受次贷危机影响，海外需求走弱，出口和 GDP 增速下滑，人民币汇率下行，信贷收缩，股票市场和房地产市场低迷，CAFI 从二季度开始一路下行，至三季度共下降了 79 个点，金融形势从"正向温和"转为"重度偏冷"。为应对危机冲击，政府推出"四万亿计划"，年度信贷增量从 4.9 万亿元猛增至 9.6 万亿元，股票市场和房地产市场迅速升温，一年后 CAFI 由 -80 回升到 68，总体金融形势从"重度偏冷"转向"重度繁荣"。又如，2014 年一季度，货币市场和房地产市场负向温和，股票市场和债券市场屡创新低，信贷和外汇市场双双走低，CAFI 降至 −70 的低位。"8·11"汇改后，汇率波动幅度上升，加上前期央行连续多次下调存款准备金率，货币、信贷和房地产市场景气度上升，同时金融市场走牛，推动 CAFI 回升由"负向温和"进入"正向温和"区间，并于 2016 年三季度达到近 3 年的最高点。此后，在金融市场"去杠杆"（清理场外配资）和金融机构"去杠杆"（MPA 考核、整顿表外业务、资管新规等）等一系列"组合式"强监管措施的影响下，政策叠加效应集中体现，金融市场开始走弱，金融机构业务持续大幅收缩，导致 CAFI 持续下行，直至 2018 年二季度在货币政策取向偏宽松时才出现初步的止跌回升迹象。

从最近几个季度的中国金融形势指数来看，CAFI 从 2018 年下半年开始反弹，至 2019 年回升至"正向温和"区间，连续四个季度维持在该区间内运行，表明总体的金融形势正处于从偏冷向回暖持续过渡的过程中。受新冠肺炎疫情的影响，2020 年一季度 CAFI 迅速转冷，说明金融形势在疫情的冲击下明显下滑，但随着疫情得到有效控制和国家一系列"稳金融"政策的出台，二季度的 CAFI 再次进入"正向温和"区间，表明金融形势明显好转，重新回归正常状态。不过，考虑到当前复杂多变的国内外政治经济形势，加之国内外金融市场的迟疑、观望和犹豫气氛仍然非常凝重，因此，继续保持一定力度的金融稳定政策，进一步推动总体金融形势上升，直至开启新一轮的景气周期具有重要战略意义，这不仅有助于巩固当前刚刚稳定的金融形势，加厚金融运行的"安全垫"，而且还能为将来国际局势不确定性所可能产生的各种"意外冲击"提供足够的抗冲击能力。

（二）结构性分析

为进一步分析导致中国金融总体形势变化的内在结构性因素，可以对 CAFI 六个分项指数所反映的各主要金融子市场的情况进行分析。为此，图 2 中的 6 个小图依次显示了 2008 年 6 月—2020 年 6 月 MSI、CSI、SSI、BSI、EPI 和 RSI 六个分项指数的走势图。

从相关数据来看，货币市场形势方面，MSI 从 2018 年三季度开始出现明显回升，连续一年多保持在正向温和区域，2020 年二季度进入轻度繁荣区域。信贷市场方面，CSI 于 2017 年三季度进入负值区域，之后持续收缩，2018 年三季度降至近六年来最低点，2019 年以来有较大回升，目前处于由负转正的临界点位置。股票市场方面，SSI 于 2016 年一季度由正转负，2018 年三季度降至 –50 的历史低位后开始上行，2019 年一季度摆脱长达三年的偏冷状态，但在正向温和区域运行仅两个季度后便回落至负值区间，2020 年以来股票市场有所好转，目前 SSI 处于正向温和区域。债券市场方面，BSI 于 2018 年一季度触底，之后持续上升，至 2018 年四季度开始由负转正。2020 年二季度 BSI 继续保持在"正向温和"区域运行。外汇市场方面，EPI 自 2015 年三季度跌至最低点后波动上行，但总体仍处于负向温和区域。2018 年下半年，外汇市场形势恶化，EPI 由负向温和转为轻度偏冷状态。2019 年一季度，外汇市场形势明显好转，EPI 进入正向温和区域运行，二季度受中美贸易摩擦影响，汇率跌破"7"关口，同期 EPI 由 30 猛跌至 –4。2020 年二季度 EPI 有所回升，但仍处于负向温和区域。房地产市场方面，RSI 近两年在负向温和区域缓慢上行，

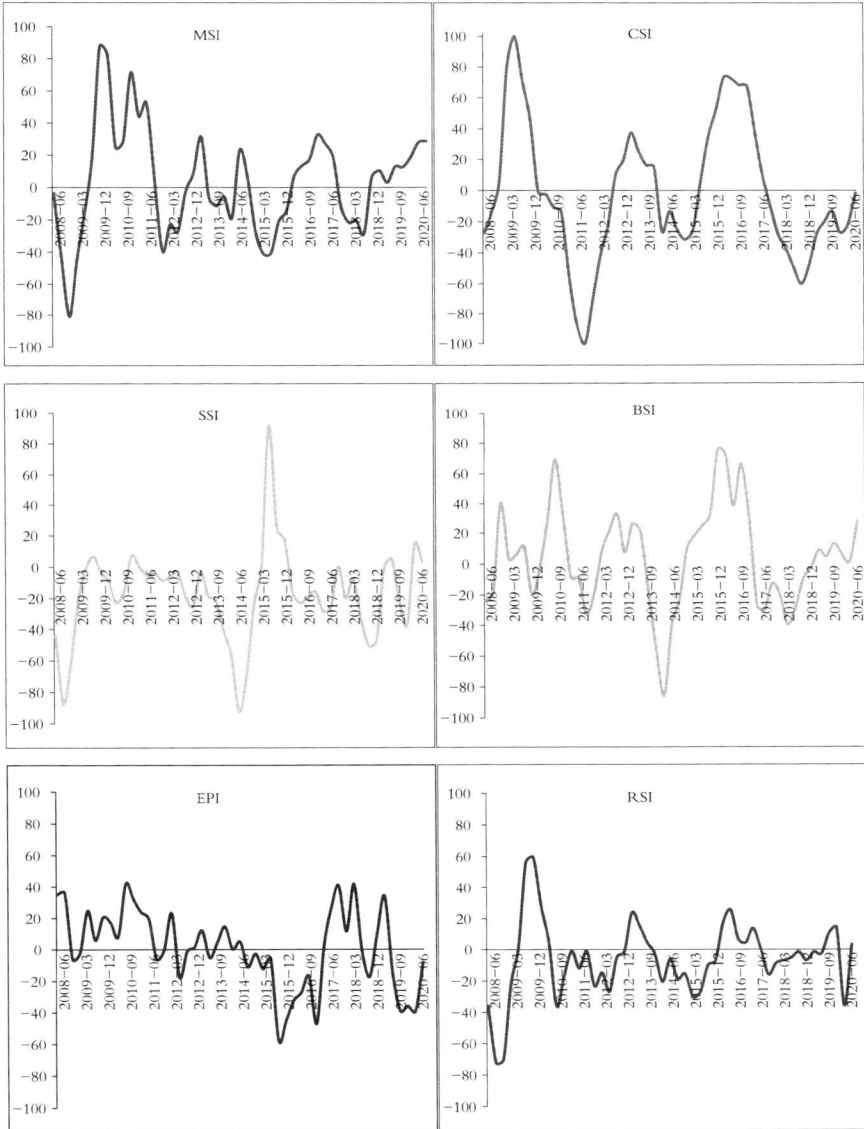

图 2　2008 年 6 月—2020 年 6 月中国金融形势总指数的六个分项指数

2019 年三季度 RSI 突破 0 值，进入正值区间，2020 年一季度受疫情冲击 RSI 大幅下降，但二季度很快转正，目前处于"正向温和"状态。

简单比较上述六个金融子市场形势指数，可以得到以下两点主要结论：

（1）在国家一系列积极经济金融政策的助力下，2020 年二季度的金融形势较一季度出现了明显的全面回升，这为金融体系自身的稳定以及金融有效支持实体经济提供了非常重要的支撑，整个二季度显示的金融信号是非常积极的。

（2）从金融形势变化的内在结构性动力来看，货币市场形势最为稳定和积极，成为金融形势转暖动力的"压舱石"；股票市场和债券市场的形势震荡上行，是金融形势转暖的重要基础；信贷市场、外汇市场和房地产市场虽正从低点走出，但总体仍然承压，成为制约金融形势全面复苏的重要因素。

（三）对实体经济的影响

金融对实体经济的重要影响早已得到大量研究的证实。在本部分，我们尝试将 CAFI 用于分析和评估金融形势变化对实体经济的影响。这种分析和评估由于是建立在可验证的数量判断基础上的，因而既可用于客观地反思过去，也可以用于科学地展望未来。

为简化起见，这里仅以 CAFI 和两个主要实体经济指标（GDP 和 CPI）之间的关系为例，说明金融形势变化对实体经济的可能影响。图 3 给出了 CAFI 与 GDP 增速和 CPI 的时间走势图。其中，GDP 增

长率采用以 1992 年价格为基准的 GDP 当季同比增长率表示，CPI 用
居民消费价格水平月度同比增速的当季均值表示。从图 3 可以看出，
从大的周期性视角，总体金融形势的变化与宏观经济的走势具有趋势
上的一致性，即总体金融形势的扩张与收缩通常对应着实体经济的扩
张与收缩，并且在一些大的周期性拐点位置，CAFI 还具有领先性。

由于实体经济活动启动前通常需要融资和金融方面的支持，图 3
的结果说明CAFI在以下两方面具有重要的政策分析和评估应用价值：
一是 CAFI 的数据变化可用于定量分析和评估金融形势变化对实体经
济的影响，这对从金融角度加强宏观经济的分析、研判与管理具有重
要参考价值；二是鉴于 CAFI 在大周期拐点所具有的"领先性"特征，
使其可以作为宏观经济金融政策决策的重要参考指标使用，增强宏观

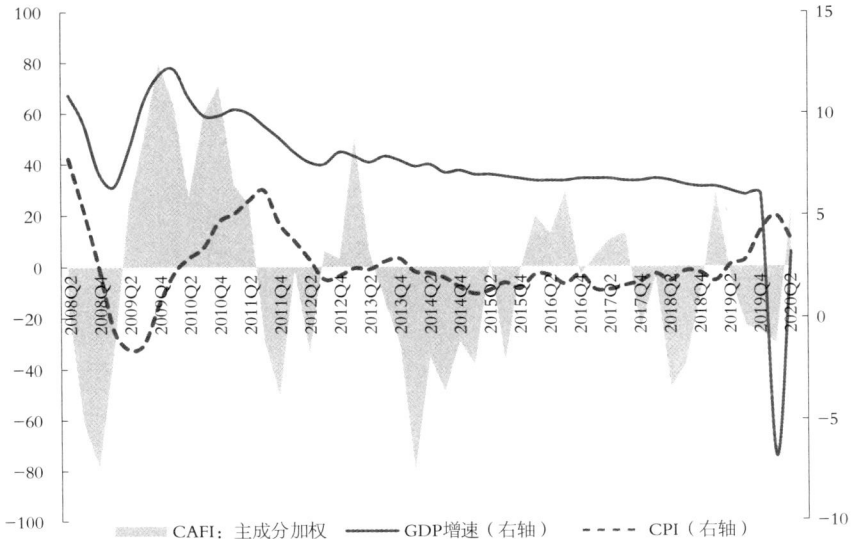

图 3   中国金融形势总指数（CAFI）与 GDP 增速和 CPI 走势图

经济和金融决策的前瞻性、及时性和有效性。

作为一个初步的定量评估，我们可以就 CAFI 对 GDP 和 CPI 的影响建立简单的实证回归模型，并基于样本数据得到以下 GMM 回归结果：

$$GDP_t = 2.88 + 0.61GDP_{t-1} + 0.01CAFI_t \qquad (1)$$

$$(1.44) \qquad (0.19) \qquad (0.00) \quad (R^2=0.38)$$

$$CPI_t = 0.13 + 0.99CPI_{t-1} + 0.01CAFI_t \qquad (2)$$

$$(0.22) \qquad (0.06) \qquad (0.00) \quad (R^2=0.85)$$

上面的（1）式和（2）式表明，CAFI 与 GDP 增速和 CPI 均呈显著的正相关关系，这意味着，当 CAFI 处于正值区间（景气状态）时，金融形势的上升对 GDP 增速和 CPI 具有拉动作用；而当 CAFI 处于负值区间（不景气状态）时，金融形势的下滑对 GDP 增速和 CPI 具有拖累作用。从定量上看，（1）式和（2）式的结果表明：CAFI 在指数数值上每上升一个点，GDP 增速和 CPI 将提高 0.01 个百分点；反之，CAFI 在指数数值上每下降一个点，GDP 增速和 CPI 将下降 0.01 个百分点。

上述量化关系可方便地用于进行宏观分析与政策评估。比如，2019 年全年 CAFI 的均值约为 21，根据上述量化关系可推知，在假定其他条件不变的情况下，总体金融形势的好转在 2019 年全年拉动 GDP 增速和 CPI 上升 0.21 个百分点。换言之，如果不存在 2019 年的金融市场回暖，2019 年的 GDP 增速将从 6.1% 下滑至 5.89%，同时 CPI 从 2.9% 下降至 2.69%。

从最新的数据来看，2020 年前两个季度的 CAFI 指数分别为 −30.08

和 23.24，表明一季度金融形势的下滑对实体经济产生了一定的拖累作用，但二季度金融形势的好转则对实体经济的复苏提供了助力。但总体来看，2020 年前两个季度的 CAFI 指数平均值仍为轻微负数，表明金融形势尚未对 2020 年的实体经济复苏形成明显助力。因此，一方面，政策当局应考虑采取更加积极的金融政策，支持实体经济的复苏、巩固和回暖；另一方面，应采取措施积极推动金融形势本身的复苏、巩固和上行，通过夯实金融条件支持实体经济的进一步回暖。

基于当前金融形势的政策取向分析

2020 年二季度的 CAFI 为 23.24，显示当前中国总体的金融形势处于"正向温和"区间。本季度 CAFI 打破连续四个季度的偏冷运行态势，开始转入正向区间，表明金融形势出现了率先复苏的迹象。

货币市场方面，自 2018 年下半年开始，货币市场出现温和复苏迹象，且持续位于正值区间。预期货币形势适度宽松的态势在 2020 年下半年仍将继续。当前，我国面临的内外部环境较为复杂，不确定性因素很多，这给未来货币政策带来了挑战。从国际视角来看，国际疫情持续蔓延，世界经济步入衰退，主要经济体开启新一轮宽松货币政策。从国内视角来看，尽管我国经济展现出较强的韧性，经济长期向好的趋势没有改变，但短期面临着新冠肺炎疫情所带来的需求不足、消费减少、企业经营困难、就业压力增大等问题。为此，未来的货币政策预计将会更加重视增长、就业等目标，通过加强逆周期调节力度，在总量和结构上保持流动性的合理充裕，以"熨平"新冠肺炎疫情和国际经济政治形势不确定性所造成的经济波动，为疫情防控和经济复苏提供充分支持。

信贷市场方面，2019 年以来，信贷市场形势略有好转，于一季度摆脱"轻度偏冷"状态，三、四季度小幅回调。在宽松货币信贷政策刺激下，2020 年前两个季度 CSI 稍有回升，但仍处于负值区域，说明整体的信贷形势仍不容乐观，未来政策改善的空间还比较大。为进一步推动信贷市场形势的好转，可供参考的调整思路包括以下三个方面：一是改善民营、小微企业的信用条件，通过注入股本或构建企业信贷担保机制的方式，缓解民营企业被动加杠杆现象，减小信用风险敞口；二是做好加强金融监管和释放创新能力的相互平衡，完善商业银行表外贷款监管机制，保留商业银行在传统贷款以外领域的创新能力，避免出现表外贷款"一刀切"现象；三是注意近期银行间回购利率、贷款利率和货币供应量的变动，避免重走"大水漫灌"的老路，对普惠金融定向降准、再贷款再贴现和人民银行逆回购释放的长短期资金进行流向检测，以确保信贷资金投向短板领域。

股票市场方面，2020 年前两个季度，股票市场形势指数处于"正向温和"区间，表明股票市场的整体景气度较 2019 年有所回升。不过，在疫情冲击下，全球金融市场的恐慌情绪加剧，国内市场投资者也较多持谨慎观望态度，市场情绪复杂、迟疑、多变。考虑到这些因素，目前股票市场的景气程度并不稳固，需要采取进一步的措施巩固股票市场的回升基础，提升金融市场活力，可以考虑采取的政策措施包括：一是明确监管立场，明确股票市场监管的重点是信息披露和合规监管，通过提高上市公司信息披露质量和促进监管提质增效，巩固股票市场稳定回升的监管基础；二是加强行为监管，对于违法违规行为及时发现、及时制止、及时查处，对股价异常波动及时向相关上市公司下发关注函或问询函，要求其补充披露相关情况；三是注意注册制改革"落地"后的市场反应，并根据市场反馈进一步完善相关制度安排，吸引优秀企业上市，造就股票市场"长牛"的企业基础。

债券市场方面，BSI 于 2018 年 12 月进入"正向温和"区间，连续六个季度维持在正值区间运行，表明债券市场较为景气。在当前市场环境下，2020 年债券市场的监管可以更多地侧重对前期监管治理成果的巩固，并推进常态化的监管制度建设。首先，2018 年资管新规的正式落地以及多部门的表态预示着"大资管"将进入统一监管的新阶段，但是当前债券市场仍然存在着政出多门等问题，不但影响债券市场的运行效率，也制约了债券市场服务实体经济的能力。因此，下一阶段需要继续深化改革，推动债券市场的统一监管。其次，为抗击疫情影响，2020 年度政府债新增限额陆续提前下达，专项债发行加强。面对这一情况，在地方债发行过程中要积极加以引导，在合理把握地方债发行节奏、切实加快发行进度的同时，严控地方政府隐性债务、防控风险的要求并不能放松。此外，在继续推进债券市场开放的同时，应警惕与之相伴的金融风险的复杂性和传染性，及时推出相关政策加以跟进。最后，在债券市场"打破刚兑"的转换期，健全对违约债券等特定债券的转让、结算、投资者适当性、信息披露等制度安排，为违约债券提供转让结算服务等措施应及时加以跟进。

外汇市场方面，2020 年前两个季度，受中美贸易摩擦和新冠肺炎全球蔓延影响，市场避险情绪上升，美元指数强势上行，中美贸易差额同比大幅减少，人民币贬值压力上升，美元兑人民币汇率再次破"7"，EPI 重回负值区域。政策当局应及时采取措施，防范资本外流与汇率贬值预期的相互强化、维护汇率稳定、提振市场信心，二季度较一季度的 EPI 有所回升，说明人民币汇率贬值的压力有所下降。2020 年下半年，受美国大选不确定性和可能的全球疫情"二次"冲击的影响，外汇市场和人民币汇率仍可能阶段性承压，只需要政策当局做好前瞻性准备和预期管理，一旦出现外汇市场承压的现象就应该果断及时地予以干预，避免贬值预期的"自我实现"强化市场悲观预期和加速资本流出，危及货币和金融稳定的大局。从这个意义上看，通过持续稳定的逆周期宏观审慎调控避免外汇市场的大幅震荡和人民币汇率的急剧贬值，严防资本的大规模持续流出，将是未来外汇市场政策需要重点考虑的问题。

房地产市场方面，在疫情冲击下，2020 年一季度房地产市场景气度急速下降，进入历史低位，但二季度迅速回升，这说明中国房地产市场目前总体上还是具有较大的弹性空间，一旦中央或地方层面的政策松绑，房地产市场很容易自我恢复。未来一段时期，在"房住不炒"的主基调下，"因城施策"可以更加灵活，各地可根据当地房地产市场运行态势，从供求两端出台相应政策，促进房地产市场的平稳运行，可采取的措施包括：根据疫情和宏观经济恢复状况，对房地产市场实施动态灵活的调控政策，在促进房地产市场平稳恢复的同时，严控部分地区出现的非理性房价暴涨现象；根据实际的调控需要，延期或分期缴纳出让金的政策可视疫情发展进一步扩大范围和延长持续时间，以缓解房地产企业资金压力；发挥地方政府在公积金贷款政策调整上的自主权和灵活性，加大住房公积金支持力度，符合条件的城市可适度下调公积金贷款首付比例、提高公积金贷款额度等。

主要结论和政策建议

上文基于中国人民大学财政金融学院中国金融形势分析团队编制的"中国金融形势总指数"（CAFI）及其分项指数分析了中国金融形势的总体状况及其结构性特征。概括而言，我们得到了以下两个方面的基本结论：

（1）在国家一系列积极经济金融政策的助力下，2020年二季度的金融形势较一季度出现了明显的全面回升，这为金融体系自身的稳定以及金融有效支持实体经济提供了非常重要的支撑，应该说，2020年二季度所显示的金融信号是非常积极的，这也说明相关金融政策的转向比较及时有效。

（2）从金融形势变化的内在结构性动力来看，货币市场形势最为稳定和积极，成为金融形势转暖动力的"压舱石"；股票市场和债券市场的形势震荡上行，是金融形势转暖的重要基础；信贷市场、外汇市场和房地产市场虽正从低点走出，但总体仍然承压，成为制约金融形势全面复苏的重要因素。

从2020年前两个季度指数值所提示的政策取向来看，货币政策应继续保持稳健宽松的取向，信贷政策和汇率政策应更加积极主动，以"熨平"新冠肺炎疫情和国际经济冲击所造成的经济金融波动，为金融稳定和实体经济恢复巩固提供支持；房地产政策在"房住不炒"的主基调上可以更加灵活，因地、因时制宜地促进房地产市场的恢复发展和平稳运行；在证券市场政策方面，考虑到债券市场目前所受到的种种现实约束，股票市场更有希望成为短期内进一步推动中国金融形势回升的关键着力点，因此，应该释放更加积极明确的政策信号并采取实质性措施，促进股票市场的持续稳定回升和恢复市场活力。

（马勇：中国人民大学财政金融学院教授、博士生导师，中国财政金融政策研究中心，国际货币研究所兼职研究员）

后疫情时代完善多层次医疗保障体系

[导读] 新时代，建设与我国医疗水平相适应的公共卫生服务体系是"健康中国"的战略问题。随着疫情在世界范围内的蔓延，全球经济短期增长的不确定性影响加大，人民群众对生命健康管理及自我风险保护的意识明显提升。当前，我国居民健康管理需求快速释放，医疗产业创新不断加快健康管理行业发展，国家医保制度改革持续深化，数字化保险服务正成为行业发展热点，与此同时，商业健康保险虽市场空间巨大，但其内涵、相关数据、风控手段、外部生态联动等尚有待进一步完善。

2020 年伊始暴发的新冠肺炎疫情，无疑成为我国乃至全球范围内的典型"黑天鹅"事件，打乱了原有社会的生活节奏和经济秩序，也考验了我们应对突发重大公共卫生事件的能力。国家医疗保障局会同财政部等相关部门出台了一系列政策，确保就诊患者费用没有顾虑，确保救治医疗机构不因费用而影响救治，通过一系列措施有效抗击了疫情。截至 2020 年 7 月 19 日，全国新冠肺炎确诊和疑似患者发生医保结算 13.55 万人次，涉及医疗费用 18.47 亿元，医保支付 12.32 亿元，支付比例达到 67%。[①]

医疗保障制度是保障民生、维护社会稳定，保证国家长治久安的压舱石，它事关每一个国人的生活与健康保障。我国的医疗保障制度从最初的国家企事业单位医保和在农村施行的医疗合作，已经逐步发展成为一个不断完善的统一化、标准化体系。目前全国基本医疗保险参保人数超过 13.5 亿人，覆盖面稳定在 95% 以上，基本实现全覆盖。2020 年 2 月 25 日印发的《中共中央　国务院关于深化医疗保障制度改革的意见》，进一步提出：到 2030 年，全面建成以基本医疗保险为主体，医疗救助托底，补充医疗保险、商业健康保险、慈善捐助、医疗互助共同发展的医疗保障制度体系。

在这一目标中，除了基本医疗保险，以及相关的救助、互助、捐助，补充医疗外，还尤其提到了商业健康保险。基本医疗保险覆盖面广，但保障率低，只能解决基本保障问题，要保证疾病所需的费用的补偿和生活质量就需要商业健康险的配合。它不仅是构建多层次医疗保障体制的重要组成部分，而且是健康中国国家发展战略的内在要求，和化解未来一段时期社会健康风险的必然选择，不仅有助国人渐近养成合理的人生、财务规划习惯，而且有助拓宽社会保障资金源，

---

① 《国家医保局：全国新冠肺炎确诊和疑似患者医保支付 12.32 亿元》，中国新闻网，2020 年 7 月 28 日，见 http://ww.chinanews.com/cj/2020/07–28/9250121.shtml。

形成政府、社会和个人共担健康的格局，保证社会和谐发展，面对外来冲击时更具韧性。

商业健康保险在我国社会医疗保障体系的作用

党的十九大报告指出，中国社会主要矛盾已经转化为人民日益增长的美好生活需求和不平衡不充分的发展之间的矛盾。从医疗卫生健康事业角度看，人民快速增长的健康保障需求与社会保障供给能力之间的矛盾日益突出，单靠公共卫生体系解决这一矛盾难以奏效。因而，社会资本参与是不二的选择。

（一）商业健康保险是我国医疗保障体系的选择

从我国的医疗保障体系看，大体上分为三级：底层是由政府主导的城乡医疗救助及社会慈善捐助；中间层是由政府牵头，个人和组织共同参与的城镇职工基本医疗保险、城镇居民基本医疗保险、新型农村合作医疗；补充层是大病医疗保险，以及由个人、组织、社会资本主动自愿参与投资的商业健康保险产业。

从全球医疗保险模式看，大致可分成四类：以德国为代表的社会医疗保险模式、以英国为代表的全民医疗保险模式、以美国为代表的商业保险模式和以新加坡为代表的储蓄医疗保险模式。我国医疗保障体系类似德国的社会医疗保险模式，由政府牵头，从21世纪初的"广覆盖"，到党的十八大提出的"全覆盖"，未来医疗支付方和服务方将走公立为主，私立为辅的模式。

但从我国目前现实情况看，社会公共医疗服务提供的保障不足，难以满足社会各阶层的健康保障需求，因此，建立健全我国的社会医疗保障体系急需选择商业健康险。

2014年国务院印发《关于加快发展现代保险服务业的若干意见》明确指出"把商业保险建成社会保障体系的重要支柱"，使之成为"个人和家庭商业保障计划的主要承担者、企业发起的养老保障计划的重要提供者、社会保险市场化运作的积极参与者"，这使我国商业保险的政策地位实现了质的飞跃。2020年1月，银保监会等13个部委联合发布了《关于促进社会服务领域商业保险发展的意见》，指出"完善健康保险产品和服务，研究扩大税优健康保险产品范围，鼓励保险机构提供医疗、疾病、照护、生育等综合保障服务，力争到2025年，健康险市场规模超过2万亿元"，有望推动我国商业健康保险高质量发展。

（二）商业健康保险是居民补充医疗的承担者

目前，我国商业健康保险主要是保险公司为居民提供疾病保险、医疗保险、失能收入损失险和护理保险等服务方式，对因健康原因导致的损失给付保险金及提供其他相关服务。商业健康保险作为社会保障的补充有助于减轻国家医保基金负担，并利用经济手段帮助医院合理控费，以有效地填充基本医保留下的需求空白，更好地实现全民健康目的。

此次疫情促进商业健康保险机构向线上化服务转型，促进健康保险效率提高，对健康保险行业长期发展是一次有力探索。人工智能、大数据、区块链、云计算等保险科技赋能健康保险服务，积极参与突发公共卫生事件管理，打造健康保险新生态，保护消费者利益，提供更好的健康保障尝试。目前，健康保险公司已实现从单一的理赔支付向主动的健康管理的角色转变，利用互联网医院、在线诊疗、健康综合管理平台等智能健康管理手段，实施积极的健康干预措施，为疫情后复工复产和复商复市的企业做好人员健康保障。

（三）商业健康保险可为居民医疗提供增值服务

商业健康保险在我国有着广泛的需求，拥有可预测的巨大发展潜力。尤其是我国已经进入老龄化社会，健康保险中与老龄化相关的失能保险、长期护理险、疾病保险中重大疾病和针对癌症及慢性病等特定人群及特种疾病的保险、能够提供高质量及灵活的医疗服务的保险服务，满足医疗增值服务需求，而基本医疗保障在供给不足的现状下，预计商业健康保险会拥有更大发展的空间。此次疫情为健康保险短期突破和长期发展提供了动能，并将进一步助推保险服务回归保障属性。如果保险机构能够把握发展契机，在健康险发展、线上线下融合、生态建设等方面着力，将是这场危机中的最大"机遇"。

我国商业健康保险发展概况

近年来，我国商业健康保险保持高速发展，产品种类日渐丰富，服务范围不断拓展。保险业销售的健康保险产品包括疾病保险、医疗保险、医疗意外保险、护理保险和失能收入损失保险 5 大类，共 5000 多种。2019 年商业健康保险保费收入 7066 亿元，同比增长 29.7%，赔付支出 2351 亿元，同比增长 34.78%，为参保群众积累了超过 1 万亿元的长期健康保障风险准备金，在满足人民群众多层次、多样化和个性化的健康保障需求方面发挥了积极作用。

（一）我国商业健康保险发展现状

一是商业健康保险发展迅速。十年"新医改"，中国基本医疗保险实现了全覆盖，取得了举世瞩目的成就，与此同时，商业健康保险的发展也取得了长足进步。2013—2019 年，商业健康保险保费收入从 1124 亿元增长到 7066 亿元，其中 2013 年至 2018 年 5 年间平均增速达到 38.71%，2019 年同比增长 30%，2020 年 1—4 月，商业健康保险保费收入 3293 亿元，同比再度增长 20.53%，是保险业增长最快的板块。据预测，2020 年商业健康保险市场原保费收入将达到 1 万亿元，2020—2023 年年均复合增长率将在 30% 左右。

二是商业健康保险为国家医疗保障体系提供有力支撑。2019 年，全国有 17 家保险公司在 31 个省（区、市）承办了大病保险业务，为全国 11.72 亿城乡居民（包括部分城镇职工）提供了大病保险保障，保费收入 744.38 亿元，人均筹资标准 63.5 元，赔付 1171 万人，赔付支出 661.87 亿元，已提取用于后续赔付的备付金 90.32 亿元。2013—2019 年，大病保险已赔付超过 3800 万人，全国大病保险患者医疗费用的实际报销比例在基本医保的基础上平均提升 10—15 个百分点，一定程度上减轻了老百姓的就医负担。2019 年，保险业受托管理各类医保基金 482.09 亿元，保费收入 605.27 亿元，支付赔付和补偿金 758.48 亿元。保险公司在经办各类医疗保障管理服务过程中也进行了多样化的实践探索，形成了许多有特色的模式，积累了大量的经验。商业健康保险已经逐步成长为中国医疗保障体系的有力支柱。

三是商业健康保险发展前景广阔。我国保险市场 2019 年总体原保费收入为 42645 亿元，其中商业健康保险原保费收入占比 16.6%，较寿险（53.4%）、财险（27.3%）业务相比规模尚小。同期我国商业健康保险的保险深度为 0.71%，保险密度为 504.71 元 / 人。而早在 2013 年美国商业健康保险密度即达到 16800 元 / 人，德国商业健康保险密度为 3071 元 / 人，相比之下，我国商业健康保险密度与深度远低于成熟市场水平，未来发展空间巨大。

（二）我国商业健康保险发展面临的形势

一是我国居民健康管理需求快速释放。首先，个人卫生支出压力大，商业健康保险客户需求增长。早在 2016 年，德国、美国商业健康保险保费占比就已达 32.26% 和 26.88%，而我国 2019 年商业健康保险保费占比仅为 16.6%；2019 年全国卫生总费用预计达到 65195.9 亿元，其中商业健康保险赔付支出占卫生支出总费用 3% 左右，成熟市场则达到了 10%。我国的个人医疗支出负担重，保障水平不高，为商业健康保险的发展提供了空间。其次，我国人口老龄化使得商业失能险、护理险迎来发展机遇，城镇化加速、中等收入群体激增带来更加高质量、多样化的健康保险需求，慢性病亚健康群体的快速增长增强了人民的健康意识，拓展了商业健康保险定制化险种的市场。

二是医疗产业创新加快促进了健康管理行业发展。随着科学技术进步，人们对于疾病的认识和研究不断深入，新方法、新技术在健康及医疗领域得到广泛应用。保险公司经营管理过程需要借助医疗的概念、原理方法，健康保险保障与医疗机构服务关系愈发紧密。2019 年颁布的《健康中国行动（2019—2030 年）》将健康管理作为社会、政府、企业及个人各方实施的行动，健康中国已经上升为国家战略，公立医疗卫生机构、行业组织、民营资本、外资机构等不同程度地成为健康管理行业发展的推动力量。近些年来，保险公司持续加大在健康管理领域发展投入，开展探索实践，推动健康管理与健康保险融合。

三是国家医保制度改革持续深化。2018 年 3 月，国家医疗保障局成立，在医保基金监管、异地就医结算、医疗待遇保障、医疗服务管理、药品采购使用层面逐步推进改革，医疗、医药和医保行业的行业监管从九龙治水向管理式融合迈进。通过构建区域内服务和责任共同体，加强三医融合推动价值医疗将成为未来的发展趋势。随着医疗服务及支付、药品及医疗器械生产流通体系的变革，以人为本的整合式服务模式，将是未来医疗体系改革与发展的方向。商业健康保险作为基本医疗保险的强力补充，需要充分理解此变革带来的行业影响，从健康保险核心产业的设计、目标客群的获取、服务能力提升、渠道网络的优化，到与医疗服务提供方的关系、与大健康生态圈中的协同配合机制等，都需要进行有针对性的调整和优化，构建高水平的产业链、服务链和价值链。

四是数字化保险服务成为行业发展热点。数字技术发展正在推动商业健康保险行业变革，越来越多的保险公司制定具有前瞻性的数字化战略，构筑数字化平台，思考如何自上而下建立在渠道、产品营销和客户体验、产品设计、运营和风控等领域前行的运行平台。同时，机构内部组织变革，设立首席数字官（CDO），成立人工智能实验室、大数据部门等部门专项对接数字化。在经营管理方面，保险公司作为支付方发起的对服务方的融合一体模式，发挥自身优势，广泛布局高效运转。为实现合理控费、提高客户黏性、积累健康数据、做好差异化产品定价，保险机构纷纷主动发起与医院、制药企业、健康服务机构的商业战略合作、资本运作、自建体系、服务采购等多种形式的产融合作新模式。

我国商业健康保险面临的主要问题和困难

近年来，我国商业健康保险虽然发展迅猛，市场空间巨大，但是保险公司仍存在内部经营、外部联动、社会角色、需求转化等诸多方面的问题和困难，制约着商业健康保险发挥社会医疗保障体系的重要支柱作用。

一是产品"泛寿险化"经营，结构单一。不少长期健康保险产品搭配寿险产品的条款或者产品被屡屡诟病，且兼顾健康保障功能和储蓄功能的长期重疾险是社会各界品头论足的热点，而各公司还将其作为主推的健康保险产品，因此，健康保险呈现出"泛寿险化"经营的特征。在保费结构中，疾病险、医疗险占绝对主力，护理险和失能险占比非常低。在险种设计上，缺少个性化、多样化、定制化的产品设计，各公司产品相似度较高，同质化带来的是产品在客户端的高排他性，不利于健康保险市场的发展。

二是健康数据治理不完善，业务系统专业性、扩展性、灵活性不足。健康数据"信息孤岛"问题造成了长久以来商业健康保险在整个医疗体系中发挥的作用有限，有效供给不足，保险机构难以与医疗体系的数据分享和深度融合，费用管控能力无法延伸至整个诊疗过程；对医疗流程参与程度弱又导致了保险公司无法进行精准的产品设计、定价或赔付管理，导致健康保险的高赔付，带来较大的经营风险；保险公司对费用发生源头缺乏有效管控能力，进一步造成了健康保险"重事后赔付，轻事前预防"的问题，只能关注被保险人得病后的经济补偿，而对事前预防保健、健康教育和健康管理心有余而力不足；部分保险公司的商业健康保险业务没有独立的核心系统承接，而是嫁接或内嵌在传统寿险或财险核心系统中，年代久远的系统、陈旧的架构体系、相互交织和影响的业务流程，难以支撑业务需求的快速灵活变化。

三是风控手段滞后，智能化程度低。风控是商业健康保险盈利的关键。仍然依赖核保、理赔人员专业经验的传统风控模式无法支持商业健康保险高速发展，不能平衡风控效果和时效。

商业健康保险助力我国医疗保障体系改革展望

明者因时而变，知者随事而制。虽然行业疾病、医疗保险产品不少，但与我国 14 亿人口基数相比，真正购买了商业健康保险产品的人数占比依然很低，保险深度、保险密度与发达的保险市场相差甚远，商业健康保障的覆盖面仍然不足。特别是在应对大规模流行性传染病，由此引发的家庭收入损失、大额医疗支出等风险保障上，保险服务尚有进一步提升的空间。这些保障缺口既是当前存在的问题，也是保险业聚焦发力的方向。2019 年银保监会发布新版《健康保险管理办法》，对保险机构产品费率进行了调整，给予保险经营主体更灵活的空间，其中保险公司可以对长期健康保险产品费率进行调整。费率调整的权力交给主体，意味着给予保险公司产品的定价权，对于长期健康险产品的设计开发环节以有力支撑，对于短期健康险产品则是规避产品同质化，创新产品回归保险保障。

（一）积极配合政府相关部门参与医疗体系改革

保险机构要积极配合政府相关部门，深度参与医保业务和医药改革。我国的医保广覆盖，且地区差异大，商业保险公司可与各地医疗保障部门合作，为基本医疗保障节省开支、规范管理，实现合理控费。目前，部分地区的基本医疗保障卡个人账户余额可用于购买商业健康险，这已成为未来基本医疗保障与商业保险有机结合、互利共赢的重要尝试。多种形式与基本医疗保险形成互补模式，可帮助企业职工进行职工医疗保险大额医疗互助，承保企业补充医疗保险，提供税费优惠健康险产品，探索使用基本医疗保险账户余额购买商业健康险。

（二）用足用好商业健康保险个人所得税优惠政策，适时扩大相关保险产品范围，让国家对健康保险的税收优惠政策惠及更多人民群众

整合企业职工补充医疗保险与个人税优健康保险政策，有利于建立统一的减免标准和衔接方式；简化补充医疗保险定性及申请免税流程，与员工个人缴费的税优健康保险产品合并对接，从而鼓励更多企业和个人投保，完善多层次的医疗保险体系。出台这些具体流程规则，将有利于基本医疗保险账户资金的使用，更多定位于税优健康保险产品，鼓励家庭参保方式，将保障人群扩展到职工直系家属，有效解决家庭灾难性医疗支出，化解"因病致贫、因病返贫"风险。

（三）提供多领域的综合性健康保险产品和服务

一是做强做优商业健康保险运营能力，聚焦客户、产品、服务和

渠道网络业务环节。提供拥有高质量、多样化、灵活医疗服务的健康
险产品与服务，让各类商业健康保险产品对应不同的客户群体需求，
针对其医疗服务需要，设计有针对性的商业健康险产品，通过全渠道
向客户进行销售覆盖。二是商业健康险可与健康管理结合，覆盖全生
命周期中预防、诊疗、康复，同时可开展重大疾病保险，为目标客群
设计长期护理保险，根据不同经济实力和产品服务诉求，开发高端医
疗产品等。三是加快发展医疗责任保险、医疗意外保险，研究开发疫
苗接种不良反应补偿保险，化解医疗风险，减少医患纠纷。

（四）支持全力打造"大健康"生态圈

商业健康保险公司要着力提高医疗健康服务能力，包括护理服务
优化、医疗服务协调、健康管理和临床一体化、患者与家人参与、人
口健康管理等，都要具备这些能力。一要整合服务提供方。借合作之
力，提供保健服务，创新网络设计，以及透明的收费标准与供应商达
成垂直一体化。通过与医疗服务提供方形成更紧密关系，基于客户的
需求，形成医疗服务及支付的闭环，提升用户体验，控制医疗成本及
风险。二要整合"大健康"生态圈。从全流程健康管理看，保险机构
应从损失补偿转到健康管理与维护方面，保障重点也要从医学治疗移
向健康管理。从布局路径来看，可以搭建健康管理云平台，将医院、
医养机构、社区、家庭空间有机连接，通过持续的跟踪服务推动信息
互通，进而形成健康管理服务闭环。展望未来，以产业链、服务链、
价值链构建为发展趋势，保险机构可利用其自身资源禀赋推动产业链

的构建，采用健康管理模式、技术应用，与国家医保局、卫生健康委、医疗设备和制药企业形成利益共同体，实现帮助基本医疗保障进行智能控费，助力国家卫健委进行政策落实，与制药企业共同探索基于疗效进行付费，共同向居民提供医疗健康管理服务。

（五）构建医疗健康的数字化平台

2020 年 3 月，印发的《中共中央　国务院关于构建更加完善的要素市场化配置体制机制意见》指出，要加快数据要素市场的培育。同月，由国家发展改革委、中央网信办印发《关于推进"上云用数赋智"行动　培育新经济发展实施方案》，制定了产业数字化转型，培育新经济发展，助力构建现代化产业体系，实现经济高质量发展的具体方案，明确了数字技术是新一轮技术革命和产业变革的重点方向，产业数字化转型为培育经济增长新动能提供重要引擎的政策方向。在健康保险领域，保险机构要利用人工智能、区块链、云计算、大数据等技术，实现在健康数据的收集脱敏、客户画像、需求分析和策略设计等方面能力的进一步提升，做到健康保险服务的运营方式与手段更为高效及多元化，实现健康保险产品的定制化、定价动态化、销售场景化。在查询、支付、理赔等环节，要进一步优化用户体验。借助保险科技、数字化技术优势，打造新的发展动能，推动医养结合"大健康"，提供综合服务转型升级平台。

察势者智，顺势者赢。保险业需要进一步强化规范竞争，加强管理、政策引领和完善制度等措施，坚持深化金融供给侧结构性改革，推动健康保险创新发展。要扩大覆盖范围，提高保障水平，提升服务能力，保持稳健发展势头，力争到 2025 年，我国商业健康保险市场规模超过 2 万亿元，力争成为中国特色医疗保障体系中的重要组成部分，在保障民生、促进消费和拉动内需等方面发挥不可替代的重要作用。

（周延礼：中国保险监督管理委员会副主席、党委副书记）

打造中国软实力

迈向全面升维竞争时代：
中国数字经济的历史机遇

[导读] 新冠肺炎疫情造成了供需双弱的独特萧条场景，却也加速了全球经济的艰难蜕变，诱发新一轮数字革命。数字经济大时代下，大国博弈将进阶为货币演化、技术突破、要素重构等全方位的综合实力竞争。以此为全新起点，中国有望借助数字货币（DCEP）研发的先发优势，构建新一代金融基础设施，在数据要素市场改革中，夯实对接区块链技术在各领域的应用，促使数字经济发展走向合意形态。以前沿数字化服务带动货币使用，有望成为国际支付的最佳入口，从根本上提升人民币的国际竞争力。

疫情严厉防控之下，关乎实体商品与资产的价值创造行为受到物理约束，以数据为关键生产要素的数字经济却因此获得了一次群体扩容的契机。物理接触减少引发了人们从物理世界全面迈入数字世界的

125

演习。以此为催化剂，重塑全球经济格局的数字革命正在蓄势，竞争全面升维的时代即将来临。

与此同时，中国经济步入"减速增质"阶段。从 2019 年《政府工作报告》中的"壮大数字经济"，到 2020 年的"打造数字经济新优势"，数字经济正演变为中国高质量增长的关键抓手。全新起点之下，如何运用数字经济之核、磨砺数字经济之刃，以及锻造数字经济之基，将是中国引领长期趋势、把握历史机遇的重要命题。

数字革命加速全球历史拐点形成，中国成为新趋势先行者

2020 年的全球"黑天鹅"——新冠肺炎疫情，短期来看对脆弱的全球经济无疑是雪上加霜，全球供应链、就业民生、企业存活、政策应对乃至社会意识形态均面临大考。然而，观察更长期的影响，新冠肺炎疫情虽造成了供需双弱的独特萧条场景，却也加速了全球经济的艰难蜕变。数字经济的大时代正在加速到来，多重历史拐点在此交汇。

20 年拐点：以技术革新为核心引擎，重塑互联网产业繁荣。自进入 21 世纪，苹果、微软、亚马逊等科技企业领袖涌现，迅速以互联网硬软件技术改造世界，顺势造就了互联网相关产业的蓬勃发展，成为推动全球经济增长的主要推动力之一。然而"互联网女皇"玛丽·米克尔发布的《2019 年互联网趋势报告》显示，2018 年全球互联网用

户已达 38 亿，渗透率达到 50%，同比增速却减至 6%。更具代表性的是，智能手机出货量在 2018 年及 2019 年迎来两连降。这意味着在市场形成后，依赖传统意义上的消费下沉进行的扩张型增长已经失效。此次，疫情的特殊场景提升了对客户需求与模式创新适配程度的要求，催生了数字经济新的路径跳跃：由流量红利的争夺进阶为对新生需求的挖掘，进而对企业及个人产生长期性影响。从企业角度，疫情期间，迫于现金流压力，企业开始主动寻求变革，将工作场景向线上迁移。从个人角度而言，疫情成了生鲜电商的转折点，也带来了在线金融服务的扩容期，将引致长期的生活消费习惯转变。因此，以技术革新为核心引擎的数字革命将促进 20 年历史拐点的形成，挖掘互联网产业的新增长红利。

25 年拐点：以传统改造为全新目标，促进全球化利弊的再平衡。以 1995 年世界贸易组织成立为标志，全球经济逐步呈一体化，高收入国家从中攫取更高的附加值，低收入国家也因此获得了学习先进技术与经验的机会，两者互相补益促进了全球经济的增长。据世界银行统计，2000—2017 年，最惠国关税税率不断下降。但 2018 年以来，国际环境动荡，贸易摩擦频发，以中美关税的提升为标志，全球化进入退潮期。贸易冲突的根源在于过去 20 年间全球价值链的重塑、区域化合作方式的根植、世界工厂生产重心的转移，以及以中国为代表的新兴市场国家内需的激增，均引致了国际分工合作模式的底层裂变。而与此同时，发达国家内部也发生了财富阶层的结构性变化，低端制造业的缺席使中低收入阶层失业或降薪，进一步扩大了贫富差距，成为民粹主义的导火索。因此，民粹主义盛行与价值链重塑的双重作用下，国际贸易出现逆全球化。疫情下供应链断裂的风险成为现实，也正逐步加深全球工厂布局的忧虑。由此，为防范紧急情形下供应链断裂等问题，数字革命对传统工业与贸易的改造或将发力。当前，除引导必要产能回流之外，各国加速布局 5G、数据中心等数字经济基础设施，加紧研发人工智能、工业互联网等新科技，以期推动"云产业链"落地，促进海外工厂进一步自动化、智能化、规范化。以传统行业改造为全新目标的数字革命，将推动全球 25 年拐点的形成，促进全球化风险收益的再平衡。

40 年拐点：以杠杆效应为基本特性，接棒成为新兴市场国家增长源泉。以中国的改革开放为起点，过去 40 年，以中国为代表的新兴市场国家，借助人口、市场化、城镇化、全球化等多重红利得到充分发展，激发全球经济的增长活力。但伴随债务驱动撞上天花板，全球化旧红利变成新软肋，以中国为代表的新兴市场国家迈过高速增长期，粗放式经济增长已成为过去时。IMF 数据显示，2019 年新兴市场经济增速跌至 2009 年以来最低位 3.9%，这也标志着新兴市场国家内生质变的形成。

2020 年 4 月，IMF 在《世界经济展望》中指出，世界经济增长正在遭遇 20 世纪 30 年代大萧条以来最严重的打击，预计 2020 年全球 GDP 为 –3%。借此契机，疫情对全球经济的短期冲击，将进一步弱化中国等新兴市场国家的增速目标，加速由增速到增质的转型。放眼长远，告别要素依赖型的增长模式，数字经济将接棒成为增质的主动力。伴随载体的整体升维，数字经济价值创造中的"高乘数"特性将进一步凸显，助力新兴市场国家迈过增长瓶颈期。

百年拐点：以货币演变为底层基础，改造国际货币体系的霸权结构。以第一次世界大战爆发为诱因，人类社会正式从金本位制过渡至信用货币体系，如今已逾百年。第二次世界大战结束后，布雷顿森林体系则奠基了美元作为国际货币的地位。即使布雷顿森林体系崩溃后，以美元为核心的国际信用货币体系仍然延续至今，其背后支撑是当时美国无人与之争锋的经济与军事实力。然而，以美元为核心的国际信用货币体系天然存在"特里芬两难"，即一方面美国依赖贸易逆差向其他国家输出美元；而另一方面长期处于贸易逆差将导致美元清偿力变弱，从而削弱美元作为国际储备货币的地位。长期以来，美国凭借其经济实力与良好信誉，向其他国家出售美债等方式使美元回流，在缓解美元贬值的同时，也获得了巨大的铸币税收益。

此次疫情中，美联储发起两次非常规降息至零利率，并推出开放式、不限量 QE 以填补美元流动性黑洞。虽然短期可解金融市场燃眉之急，但是长期来看，举措却有失审慎。据世界银行及 IMF 数据显示，美国占全球经济的比重已经由 1960 年的约 40% 下降至 24%，但美元在全球外汇储备中的比例仍在 62% 的高位。由此可见，当前国际货币体系仍是以美元为核心的霸权结构。因此，大多数持有美元外汇储备的国家，或将对美联储的超预期货币宽松产生担忧，并转而寻找新的货币替代体系。当前央行数字货币、Libra 等新型数字货币，正引发全球范围内的激烈讨论，试点与试验加速推进，或将颠覆百年国际货币信用体系。

数字革命催生了历史拐点的形成，助力全球经济加速穿越存量博弈的厮杀，从而锻造升维竞争的全新赛道。大国博弈已悄然开始，并从要素改革、货币演化以及技术革新等多维度展开。站在全新起点上，中国已成为数字经济的先行者。自 2017 年被首次写入《政府工作报告》，数字经济便具有顶层设计的战略高度。2019 年与 2020 年《政府工作报告》再提数字经济，指出"深化大数据、人工智能等研发应用，培育新一代信息技术、高端装备、生物医药、新能源汽车、新材料等新兴产业集群，壮大数字经济"，以及"打造数字经济新优势"。

数字经济之核：重构要素市场打破边际收益递减的陷阱

数字经济起初只是由生活生产的每一个切实细节衍生而成，最终却贯穿了国民经济的生产、交换、分配与消费全过程。数字经济的星星之火何以燎原，关键在于它衡量出人的创造力、影响力的潜在价值，并以数据为生产要素革新了价值创造的方式，打破了传统生产要素边际收益递减的陷阱。如果说传统经济是以物权、债权、土地使用权为核心的存量分配体系，数字经济则是以人的创造力、影响力、技术知识等作为数权核心资产的流量分配体系。因此，数字经济将对经济增长乃至社会阶层产生颠覆性变革，其释放的巨大红利是未来各国博弈中不可轻言放弃的战略据点。

数字经济是指以数据为生产要素、以载体升级（由硬件设施及软件技术共同驱动的现代信息网络）为全要素生产率提升的手段，广泛参与到生产、交换、分配及消费等过程重构商品价值，促进实体经济效率提升与结构优化的新型经济生态。

2020 年 3 月，《中共中央　国务院关于构建更加完善的要素市场化配置体制机制的意见》，首次将数据与土地、劳动力、资本、技术并列为五大要素。在传统经济学中，劳动、资本、土地及技术构成了生产四要素，而四大要素对应的报酬分别为工资、利息、地租与利润，构成了国民收入的来源。数字经济并没有摒弃传统四要素，而是在此基础上新增了数据这一生产要素，而数字经济的产出则是数据作为生产要素在经济活动中创造的附加值（数据价值）。以工业生产为例，将工业的人、机、料等全要素利用互联网技术连接起来，通过大数据分析和处理，优化资源配置，降低企业成本，提升企业效率，从而增加的企业利润，即为数据作为生产要素得到的报酬。当前，数据价值已成为电商、数字媒体等产业中的核心价值，但在农业、工业等传统产业中数据的价值尚待挖掘。

从生产要素角度看，数据在价值创造过程中由需求驱动，具有"高乘数"效应。传统经济学中，由于中介的层层嵌套，生产端与消费端之间存在割裂，生产者往往无法即时获知消费者的实际需求。由此，传统的价值创造由生产端主导，但往往会造成供需不匹配，出现无谓损失。在数字经济时代，得益于即时高效的信息网络，生产端与需求端无缝衔接，人的需求、人的预期、人的价值深度改造实体经济的每一个细分市场，驱动了数据的价值创造。此外，传统生产要素在经济增长模型中，不可避免地都面临边际效益递减，而数字经济则旨在突破这一陷阱。人的创造力与影响力蕴含于数权分配体系中，以更有限的人力与资本创造更大的价值。

以 2019 年的风向标——直播带货为例，薇娅 2018 年在直播间创造了 27 亿元的销售额，而 2019 年仅在"双 11"期间她就创造了等额的销售量。在传统经济中，达成类似销售额的企业无疑需要投入大量的人力、资本乃至时间，但数据的"高乘数"却让"轻资产"的爆炸式增长成为可能。直播带货的"高乘数"来源于两个方面，首先是模式创新，充分利用网红经济的粉丝效应；其次是数据共享，每一个拥有移动设备及网络的人都能同步收看直播内容。值得注意的是，这27 亿元的销售额中，由劳动力、资本等传统制造业生产要素形成的商品价值被压缩，而真正的巨大价值是由以人的创造力、影响力为核心的数据创造的。

第一，人的创造力在数据的高效赋能中得以体现。商业模式创新是数字经济的伴生物，也是数据价值创造的根本途径。过去十年，我们见证了数字经济商业模式的百花齐放，电商将土地、人力等传统生产要素投入向数据转移，而短视频则是集结人的创造力，通过最小化生产单位（每个人都能成为内容创作者）撬动了海量数据价值。模式创新是对数字化信息的再度开发，也是对劳动力资源的重新定义。

第二，人的影响力在数据的无损共享中达到极致。传统的四大生产要素，无一例外具有一定的排他性，即每件商品的价值都由对应的工资、利息、地租及利润构成，已经对应的报酬无法再给其他商品提供价值。但数据则不同，其边际复制成本几乎为 0，嫁接于现代信息网络上无限传播，可抵达每一个受众。因此，人的影响力以互联网为媒介不断扩大，并最终借助数据确权，形成商品的高附加值。

从全要素生产率角度看，载体升级是数字经济长期的增长源泉。以硬软件相结合构成的现代信息网络是数字经济赖以生存的重要载体。硬件设施包括 5G、芯片、半导体等，5G 落地升级网络基础设施，而芯片研发则旨在打破算力限制，为 AI 和区块链的技术突破解除物理瓶颈。软件则包含人工智能、区块链以及自动驾驶等新型技术，提供核心算法与协议共识。软硬相辅相成，缺一不可，共同推动现代信息网络从 Web2.0 进阶至 Web3.0。如果说 Web2.0 成就了各行各业的互联网巨头，运用互联网技术精简传统经济结构中的中介架构，对实体经济"提效率"与"降成本"，那么 Web3.0 就是减少这些互联网巨头的垄断与寻租，真正实现效益的最大化。

载体升级决定了数据作为生产要素的共享程度（以何等速度和广度），同时也决定了模式创新的可能性（以何种方式价值创造）。数据共享，看似零成本，却只有在顺畅的信息网络和普及的移动设备下才能实现。而模式创新，在没有载体升级的情形下终有一天会枯竭。正如裹挟于智能手机的 APP 革命，嫁接于 4G 网络的短视频爆发，载体升级带来的是数字经济增长的整体升维，也将为模式创新碰撞出灵感的火花。

数字经济之刃：区块链技术救赎互联网痛点

从当前看，数字经济确为一种强者恒强的生态。在中国，To C（对用户）端的全景生态已形成相对稳定的寡头竞争格局。无论是上下游整合形成闭环生态，抑或是"出圈"迈入全新赛道，坐拥流量红利的平台及其背后的海量数据都是互联网头部企业的底气。即便是与 To C 端商业逻辑截然不同的 To B（对企业）端，中国的互联网巨头们依旧具有得天独厚的优势。与美国日趋成熟稳定的消费市场不同，中国身处消费升级的大趋势中，而供给端的产业升级迟迟尚未到来。To C 端的头部企业能帮助企业客户即时感知消费者需求，而这正是当前中国企业的首要痛点。因此，To C 端头部企业势必依靠数据资源优势实现扩张，行业集中度提升将是必然趋势。

互联网头部企业布局全景生态，逐步向每个细分行业渗透，看似是借助数据实现零摩擦零无谓损失的完美经济生态，然而事实却并非如此。在企业做大做强向理想模式迈进的途中，存在四大隐患或将造成整体经济的摩擦成本激增，而巨头们也无法独善其身。

（一）数据使用

据 Statista 测算，每年全球创造的数据量是以指数型增长的。平台型企业将要应对存储海量数据的难题，这也正是各大互联网企业大力发展云计算的初衷。此外，虽然在中国，数据泄露与隐私保护问题相对被弱化，但美国的前车之鉴仍不容小觑。Facebook 涉嫌隐私泄露之后，市值蒸发超 700 亿美元。在电商模式被大众认可前，阿里巴巴耗费多年建立起了信任机制，但无论有意或无意，信任机制的摧毁或许只在朝夕。

（二）产权界定

虽然法律条款不断完善，但数据的产权归属仍不清晰，带来版权纠纷等潜在的摩擦成本。数据的低边际复制成本造就了对经济增长的"高乘数"效应，也同时带来严重的盗版缺陷。复制一件传统商品需要消耗同等的可变成本，但复制数据（音乐、电影等）于个人而言成本几乎为0。不可否认，过去多年数据的零成本传播是数字经济价值创造的源头，但伴随创作者版权意识的升级，互联网企业作为平台方往往需要承担侵权带来的损失。

（三）寻租现象

企业目标是股东利益最大化，而非社会总福利最大化，因此，掌握数据的互联网公司成为黑箱，或出于私人利益考量而歪曲数据传导。长此以往，互联网头部企业从实体企业中攫取了大量的价值，但对生产的贡献却不发生实质变化。即使实体企业发现互联网平台的作用已不是提升利润，而是蚕食利润，也往往无能为力。Web2.0是一个流量为王的时代，占据流量入口的互联网企业拥有极高的护城河，为其寻租创造了条件，用户、内容创作者乃至第三方开发者只能选择被动信任。

（四）数字霸权

由于互联网平台对用户数据的控制，互联网企业竞争成为大国博弈的核心议题。据 CBinsights 统计，2019 年中美独角兽占全球比重高达 76%，而全球几乎都严重依赖美国的互联网服务商。欧洲出台严格的数据使用监管条例《通用数据保护条例》已逾一年，不仅出于对个人隐私保护的考虑，更想要摆脱美国的掌控。当寻租现象上升至国别，数字霸权就此诞生，并在可见的未来成为霸权主义者制裁的工具，对全球的生产生活进程均是巨大的摩擦成本。

区块链是技术与理念的融合，或可成为帮助数字经济迈向理想模式的核心工具。Web2.0 时代，"基于平台"的应用占据主导，通过精简传统经济结构中的中介架构，对实体经济"提效率"与"降成本"。但正如上文所述，由于平台规则不公开、隐私保护机制存在缺陷、数据产权难以界定等种种原因，数字经济的理想模式难以实现，甚至会在 Web2.0 后时代加剧摩擦成本，出现倒退。基于这种忧虑，2008 年中本聪发表了关于比特币的论文，首次提出了去中心化加密协议的概念。区块链是一种底层技术，借助哈希算法、密码学与智能合约等技术突破在节点上记录交易并保证其不会被篡改。但区块链更是一种理念，"确产权"与"反垄断"。Web3.0 时代，从"不作恶"到"不能作恶"，共识取代流量成为核心竞争力。

第一，数字确权。区块链的究极形态表现为，无论企业或个人，都只是链上的一个贡献者。提供数据的用户、在应用上的内容创作者、以协议为基础的应用地位平等。他们均通过区块链技术确认产权归属，并依据协议标准获得链上的代币作为奖励。任何个体都不具备篡改或隐藏数据的能力，寻租现象自然得到遏制。这也无限接近真正的以人的创造力、影响力、技术知识等为核心资产的数据流量分配体系。

第二，去除垄断。用户流量并非加密协议的核心竞争力，优秀的社区共识才是吸引人们参与的根本之道。即使某个加密协议（如以太坊）具有极高的市场占有率，它也无法像传统互联网巨头，利用流量优势为自己寻租。在区块链上，所有的技术与信息皆为开源，分叉链可以迅速复制原有链上的数据，并以升级共识运行，对原链构成直接的竞争威胁。因此，加密协议的核心竞争力在于共识机制，在用户流量的资源属性弱化下，沉淀做技术，建立起更高效的交易规则和更公平的激励机制成为社区维护者的主要目标。

未来方向？联盟链是起点，但非终点。目前 Web3.0 仍处于早期尝试阶段，全世界任何人都可参与其中的公有链，不仅自身存在成本高昂、技术欠成熟等问题，还需应对潜在的监管压力。仅是加密货币现世即引起了各国监管的激烈讨论，区块链共识若要彻底改变旧有世界信任机制，将面临更大阻碍。相较之下，联盟链更受目前主流国家与企业认可，是区块链推广应用的最好切入点。利益分配是最现实的动因，当前寻租现象已触及实体企业利益，诱导实体企业拥抱新的信任机制。联盟链仅允许授权的节点加入网络，在特定领域实现绝对的信息互通，让平台无法"黑箱操作"，从而遏制寻租现象。同时联盟链不涉及代币发行，与炒作投机相去甚远。因此，相比公有链，联盟链虽然公平透明度有所降低，但效率更高，也更易于被公众与监管接受。因此，2019 年，联盟链已然成为国内政企和资本市场炙手可热的新星。以历史视角审时度势，联盟链或许只是拉开了区块链务实落地的序幕，作为 Web2.0 向 Web3.0 的过渡产品，未来与公有链如何融合竞争，走向合意化的数字经济更值得期待。

数字经济之基：数字货币打造新一代金融基础设施

数字货币之争，核心不在货币本身的技术优越性，而在与未来数字经济发展模式的深度融合。2020 年 2 月，中国人民银行数字货币研究所区块链课题组发文《区块链技术的发展与管理》。文章提出，"区块链以大量冗余数据的同步存储和共同计算为代价，牺牲了系统处理效能和客户的部分隐私，尚不适合传统零售支付等高并发场景""区块链的去中心化特性与中央银行的集中管理要求存在冲突"。因此，央行数字货币并不基于区块链技术，央行也明确指出"不建议基于区块链改造传统支付系统"。但是，2019 年 10 月 24 日，习近平总书记指出，要把区块链作为核心技术自主创新的重要突破口，明确主攻方向，加大投入力度，着力攻克一批关键核心技术，加快推动区块链技术和产业创新发展。[①] 因此，区块链技术仍是我国下阶段发展的重中之重，其中矛盾应该如何理解？

人类社会正经历从物理社会进入数字世界的转型，人们的生产消费习惯虽然逐渐被数字技术改造，但是数字经济并非是单纯的产业革命，植根于传统经济模式的旧秩序、旧思想与旧阶层，并不能完全适应数字世界的价值创造方式。传统货币体系的水土不服便是其中一个侧面。区块链技术改造传统产业，衍生出大量原生可追溯的数字资

---

① 《习近平在中央政治局第十八次集体学习时强调　把区块链作为核心技术自主创新重要突破口　加快推动区块链技术和产业创新发展》，新华网，2019 年 10 月 25 日，见 http://www.xinhuanet.com/politics/2019–10/25/c_1125153665.htm。

产，却并没有相应的货币来对接与交换。因此，DCEP 主导的货币体系虽不基于区块链，但在生产消费环节中，将成为区块链应用的核心基础设施。DCEP 本身并非革命性变化，但其全程可追溯的特性与区块链耦合，或将重构数字经济世界的交换体系，激发数字经济的新一代潜能。

数字货币重在拟合货币的基本属性，弥补旧货币体系与新数字经济的脱节。根据学理，在发达的商品经济条件下，货币具有价值尺度、流通手段、贮藏手段、支付手段和世界货币五大职能。在未来数字经济时代的运行体系中，新一代国际货币仍需满足上述特性，但与此同时，要加强与数字经济发展模式的融合，从而发挥出数字经济的增长潜能。由于数字货币采用电子支付方式，便于以数字形式在世界范围内广泛使用，因此本身满足世界货币这一职能。

第一，作为价值尺度，保持货币币值的稳定。DCEP 由中国主权信用背书，始终保持币值稳定，与人民币 1∶1 等值兑换。根据 Libra 白皮书 2.0，Libra 或与不同国家的主权货币挂钩，同样趋向于保持价值稳定。而相比之下，比特币、以太坊等加密货币并无对标的锚，价值波动过大，难以作为未来数字经济时代的通行货币。

第二，作为流通手段，串联数据要素的流动。DCEP 虽然在现阶段侧重于对纸币的替代，但在中长期将并不限于实体商品与线下资产的购买。其内嵌的智能合约，除了在宏观调控上具有精准滴灌的效果，也将在微观层面发力，成为数据要素交换的媒介。倘若深入剖析比特币、以太坊作用原理，不难发现，代币便是一种串联数据流动的工具。社区中的贡献者通过区块链技术确认最终产权归属，并依据智能合约获得链上的代币作为奖励。这种激励机制，较好地弥补了传统互联网的缺陷，使创作者免于版权之争，能够全数获得其所做贡献的应得奖励，从而激发大量创新。然而，比特币、以太坊等加密货币价值波动过大，用户仍以小部分极客为主，价值挖掘相对有限。相较之下，DCEP 具有法偿性，且币值稳定，若能与数据要素相串联，将建立数字经济世界的全新交换体系，促成数字经济创新源泉的井喷。

第三，作为贮藏手段，对接数字资产的定价。在数据要素的加持下，经济参与主体将实现普遍的数字化转型，届时大量的数字资产将会产生，而区块链技术将成为合理运用数字资产的关键。传统的互联网经济存在产权界定、寻租现象等问题，导致数字资产形成后需要大量的法律监管保障，从而阻碍了数字资产的生产与流通。区块链技术的核心是确认每笔交易真实可信，因此上链后的数字资产将完全原生可追溯，从技术上保障了数字资产的真实性。而搭载智能合约的数字货币则是与数字资产交换、对数字资产定价的优选。比如，在智能合约下，数字化的商贸订单可与数字货币转换，两者双向全程留痕，订单由此获得实时的价值确认。

第四，作为支付手段，发挥数字支付的潜能。虽然 DCEP 并不基于区块链而生，但是 DCEP 却通过特定的发行管理模式以及技术架构，仍然保留了加密货币匿名性、安全性、不可伪造性、防双花等基本特征。其中，"一币两库三中心"是 DCEP 的核心运行框架。"一币"是指仅有 DCEP 一种央行信用背书的法定数字货币，与人民币等价兑换。"两库"是指发行库与商业银行库两个数据库，构建 DCEP 的双层运营体系，即央行只管理发行库，与商业银行承兑 DCEP，并不直接面向公众。"三中心"则分别指认证中心、登记中心与大数据分析中心。登记中心记录流水与权属，认证中心确认身份，两者互相独立保证了 DCEP 交易的匿名性，而针对可疑的交易记录，仅有央行拥有最终权限追踪，可有效遏制洗钱等不法交易。上述可控匿名性延续了纸币交易的特性，同时又杜绝了数字货币参与不法行为的可能。此外，DCEP 以央行为单一节点，去除了传统加密货币每个节点确认每笔交易的冗余步骤，也大幅提升了交易效率，具有每秒 30 万 TPS 的交易处理能力。Libra 则以多个商业公司为节点，从属于联盟链，白皮书中称将支持每秒 1000 笔交易。而公有化的比特币每秒只能处理大约 7 笔交易，无法满足日常交易需求。

以数字货币为基础设施的新一代数字经济，是提升货币国际竞争力的根本所在。DCEP 升级了货币的形态，使人民币更容易获得、使用与携带，且结算效率更高，但单独形态的改变并不能显著推进人民币国际化。历史上，美元和英镑成为国际货币，均是首先在国际支付环节取得主导地位，因此，需求仍是国际货币体系迭变的关键。Libra 与 DCEP 并不止步于货币体系的设计，而是致力于成为下一代全球数字经济的核心基础设施。未来国际货币体系的升维竞争，也将是数字经济时代下的综合国力之争，核心在于货币支付与多样化数字服务的结合。以前沿服务带动货币使用，有望成为国际支付的最佳入口，从根本上提升货币的国际竞争力。

（程实：工银国际首席经济学家、董事总经理；高欣弘：工银国际宏
观经济分析师）

参考文献

[1] 中国人民银行数字货币研究所区块链课题组:《区块链技术的发展与管理》,《中国金融》2020 年第 4 期。

[2] Ayres, R. U. & Williams, E., "The Digital Economy: Where do We Stand?", *Technological Forecasting and Social Change*, Vol. 71, No. 4 (2004), pp. 315–339.

[3] Bordo, M. D. & Levin, A. T., "Central Bank Digital Currency and the Future of Monetary Policy", No. w23711, *National Bureau of Economic Research*, 2017.

[4] Brynjolfsson, E. & Kahin, B. (eds.), *Understanding the Digital Economy: Data, Tools, and Research*, MIT Press, 2002.

[5] Statista: Digital Economy Compass 2019.

[6] Platforms and Ecosystems: Enabling the Digital Economy, World Economic Forum.

全球化的未来与国际经贸规则重构

［导读］全球化极大地促进了国际往来，并在曲折中不断发展，保持了不断深化的基本方向，为全球经济金融稳定与发展提供了重要动力。2020年初暴发的新冠肺炎疫情，一方面加剧了某些"逆全球化"的倾向，另一方面也凸显了全球化发展的新动力。目前全球化正进入一个重要关口期，是走向终结还是走向新型全球化，必将影响未来的全球经济格局。应顺应时代要求，加强全球治理，重构国际经贸规则，推进新型全球化，维护世界经济的持续和平繁荣。

全球化在过去几百年里，基本保持了不断深化的方向，为全球经济金融稳定与发展提供了重要动力。目前，全球化到了重要关口期，2020年初的新冠肺炎疫情，一方面加剧了某些"逆全球化"的倾向，另一方面也凸显了全球化发展的新动力。一系列全球经济格局变革也迫切要求国际经贸理论升级和经贸规则重构。

不可逆的全球化

（一）"逆全球化"现象

20 世纪后半期，信息革命的快速发展和全球价值链理论的广泛传播，推动贸易、生产、金融和劳务等经济全球化方式获得极大发展，全球范围内物资运输往来的频繁性和便利性也将世界各国更加紧密地联系在一起。但在经济发展进程中一些不确定性现象和危机导致"逆全球化"现象出现，1997 年亚洲金融危机、2008 年国际性金融危机等，都体现出了危机广泛的破坏性。尤其是后者，更是明显减缓了全球化步伐。美国总统特朗普上台后，推行贸易保护主义政策，并退出了一系列国际协定：2017 年退出跨太平洋伙伴关系协定（TPP）；2018 年将《北美自由贸易协定》称为"可能是有史以来最糟糕的贸易协议"，随后将其重谈为《美墨加协议》；2019 年退出巴黎气候协议；2016 年英国公投通过了脱欧协议，并于 2020 年正式脱离了欧盟。这一系列以美国为代表的大国"退群"事件是典型的"逆全球化"操作。

当下，世界经济低迷叠加新冠肺炎疫情影响，加剧了人们对全球化的质疑；新冠肺炎疫情全球范围内的传播，暴露生产全球化下全球供应链与分销网络的脆弱性，加剧的全球民粹主义风险，全球化的阻力不断增大。

（二）全球化将在曲折中前行

当代全球化进程伴随着国际贸易发展的进程，相关国家与群体的利益系于其上，全球化或逆全球化和这一进程中的收益增减相关。所以，一般在经济低迷时期逆全球化的声音通常会更为响亮。但全球化形成是百年来渐近发展的结果，改变事关巨额成本，其基本方向并不会真正改变。

全球化已深入到几乎世界的每个角落。从产业分工到产业内分工，产业链依据各个国家和地区的比较优势跨越国界趋向最优，逐渐表现为生产要素、产品、生产过程和科学技术的国际化。世界银行数据显示，2018 年全球商品货物贸易占全球 GDP 的 46.12%。生产国际化和贸易自由化相结合倒逼一国经济结构调整和产业转型，对效率和生产力水平较低的部门进行改造升级，为经济体系注入新的活力。同时，资本的全球流动有效弥补了发展中国家资金的不足，与资本同时引进的先进技术和管理经验，也推动了其生产力水平的提升，而资本也随着所在国家的产业和经济的发展获得丰厚的回报。

全球化与信息技术也已深度融合。信息社会的全球化与工业社会的全球化在技术形态方面已经发生了重大转变，高新信息化科技企业正取代传统制造企业成为主导性的跨国企业。传统工业社会基础上的全球化已经在逐步做出各种改变和替代来适应信息社会的要求。此次疫情所形成的人员隔离进一步推动经济全球化向经济数字化方面的发展。数字全球化是抗击疫情全球蔓延时尽可能保障跨境经济活动顺利开展的可行路径之一。通过依托各类新型数字技术和信息基础设施，将传统的线下经济跨境活动转移至线上，以数据的跨境流动代替人员的跨境流动。通过推动跨境贸易、跨境办公、跨境医疗等多方面数字化，解决非常时期疫情因物流、人流阻断所造成的经济、医疗等交流阻滞。短期帮助全球出口企业匹配海外市场需求，恢复贸易链条各环节的正常运转，长期有助于提升跨境贸易的运转效率。同时，阻止疫情在卫生条件较差国家的传播，避免人道主义危机，综合利用各国优势医疗资源研制治疗药物，促进国家间的医疗合作研究与协同创新，提升全球的疫情防控能力。

新冠肺炎疫情蔓延带来制造业回流倾向，但产业链转移非一朝一夕可以完成。全球化带来了产业结构的全球配置，发达国家产业空心化。此次新冠肺炎疫情的影响无疑是对这种模式的一次冲击。受来自政府政策的影响，企业未来可能会对实时生产模式和全球分散生产持保守态度。但目前全球产业链的基本布局已经成型，且是在追求经济效率最优目标下形成的有效体系，产业链转移必然遵循经济客观规律。中国拥有全球规模最大、门类最全、配套最完备的制造业体系，拥有完善的基础设施，且国内市场巨大，在全球产业链中占据着重要地位，即使有强有力的政策激励，产业链也很难大规模转移出中国。虽然发达国家的"逆全球化"浪潮不容忽视，全球产业链可能在后疫情时代一定程度上脱钩，但违背市场规律的脱钩是难以持续的。全球化仍是后疫情时代的基本特征。

国际贸易理论的发展与面临的难题

国际贸易已有成型理论，但近年来贸易保护主义盛行，美国基于"美国优先"原则，试图通过贸易谈判、贸易政策调整重塑国际经济贸易格局。贸易战中，任何一国想获益，必有其他国家受到损失，而其他利益相关国也必然以其损益进行权衡，力争将损失降到最小，最终结果却可能是多方受损。这种不断变化的全球经济格局对现有贸易理论形成重大挑战，迫切要求国际贸易理论升级，提出更符合现实情况的国际贸易理论新框架，以更好地对全球贸易现象进行合理解释与政策判断。

从国际贸易理论的演进看，学者们从成本优势、贸易要素禀赋优势、贸易竞争条件和贸易政策措施等多方面进行了分析，逐渐形成了倡导自由贸易和倡导保护贸易的不同派别。不同派别提出的贸易理论各有优势与局限。以亚当·斯密和大卫·李嘉图为代表的古典贸易理论体现了早期的经济全球化理论思想，他们基于绝对优势理论和比较优势理论，鼓励贸易自由化和自然禀赋的国际再分配，是全球化理论的基础。

（一）自由贸易与保护贸易之争

自由贸易和保护贸易的政策观点在各国不同时期具有不同的倾向。自由贸易的观点认为，自由贸易可以提高效率，促进资源的优化配置。国家不应限制进出口贸易，也不应提供优待特权，只有自由贸易才能产生福利最大化效应。古典贸易理论、新古典贸易理论、要素贸易理论、产业内贸易理论等，本质上都属于自由贸易的支持者。萨伊定律同样表述了必须实行自由贸易竞争政策。琼斯（Jones, 1990）用生命周期贸易模型表明，贸易自由化有利于物质资本的积累和经济增长，促进发达国家和发展中国之间经济增长率的趋同。梅里兹（Melitz, 2003）的异质性企业贸易理论认为，自由贸易鼓励企业提高创新力度，有利于提高国内企业的生产效率。

贸易保护主义的观点认为，国家应提供政策措施，为本国的进出口贸易提供限制或优惠政策，以达到保护本国产品市场需求的目的，减少本国商品在国际竞争中可能受到的损失。李斯特贸易保护理论强调了关税在保护一国幼稚产业的作用。凯恩斯超贸易保护理论强调贸易顺差能扩大国内市场的有效需求。20 世纪 70 年代中后期，受石油危机的影响，全球又掀起了以美国为首的、强调"公平贸易"的新贸易保护主义主张［克鲁格曼（Krugman），1979］，该理论将一国的生产率水平视为外生给定，不随贸易成本的变化而变化，结论是贸易自由化并不能提高企业的平均生产率。"战略贸易政策论"［布兰德、斯宾塞（Brander & Spencer），1984］主张，政府应发挥辅助企业在贸易市场上竞争的作用，给予补贴或支持企业抢占市场。

关于自由贸易和保护贸易的政策争论一直存在。研究表明自由贸易带来了巨大的优越性。但无论是发达国家还是发展中国家，在贸易政策的博弈中，普遍会选择相应的贸易保护主义政策，保护其产业的国际竞争优势。特别是全球金融危机以来，贸易保护主义行动开始增加［乔治斯（Georgios），2016］。自由贸易政策在长期来看利大于弊，但在经济衰退阶段，出现短暂的贸易保护主义政策是正常现象［苏海勒（Suhail），2010］。随着国际贸易一体化的发展，自由贸易和保护贸易理论又呈现趋于结合的新特征。从早期的重商主义，到亚当·斯密的自由贸易和李斯特贸易保护理论，再到凯恩斯超贸易保护理论和新自由主义的贸易理论，可以看出不同阶段自由贸易和保护贸易理论地位的演进、对立和融合的过程。马克思、恩格斯关于自由贸易和保护贸易的理论观点，辩证地论述了两者结合的重要性。马克思对保护关税制度对于形成现代工业体系、发展生产力作用表示了认可，但在社会更大发展、社会革命的角度上，马克思依然对自由贸易表示了赞同。而恩格斯认为保护关税制度在国家起步阶段的实行具有必要性，在国家发展至一定阶段后，只有通过自由贸易才能获得更为充分的进一步发展。萨缪尔森在《充满灵性的经济学》一书中，明确表示了对贸易保护主义的反对，但在《主流经济学家眼中的全球化：李嘉图—穆勒模型给出的证明》一文中，萨缪尔森通过挑选极特殊、极个别生产力状态开展数字实验，对自由贸易表示了质疑，他的这种质疑一度成为美国部分贸易保护主义者的重要依据。这种质疑实质上反映了无论是自由贸易还是保护贸易，都难以有效解释国际贸易实际情况，经济实力强大的美国实行的也是自由贸易与保护贸易结合的政策。

（二）国际贸易新理论模型的构建

国际贸易理论在当下实践中存在不足，主要体现在它难以有效解释现实情况。现实中没有国家实行了完全的自由贸易政策，也很少有国家愿意完全保护贸易。单一用自由贸易或保护贸易理论均不能合理解释现实面临的贸易问题。针对这样的偏差，国际贸易理论尚缺少一套综合的、有动态特征的理论模型，而对动态的实际贸易问题解释力不足，对后起国家追及先发国家感到疑惑。因此，我们需要结合国际经贸的新形势、新兴经济体的新实践，理性地推动国际经贸理论的变革。

国际贸易起源于两国商品以及要素禀赋和生产率水平的差异。自由贸易不仅令国家之间的资源优势互补，还可以提高两国的消费效用和福利水平，是国际贸易的基石。但现实中各国又普遍采取一些保护本国商品竞争条件的措施，完全取消也不现实。因此，自由贸易与严格限定的保护贸易的结合是理论创新的重要路径。依据宗良、范若滢（2018）构建的理性综合经济模型[①] 以及宗良、吴丹（2019）构建的模型[②]，基本公式是

$$\Delta Y_t = \alpha \Delta Y^*_{Mt} + b\mu_{st}\Delta A_t Y^*_{Mt} + b\left(\mu_d + \mu_{ss}\right)\left(Y_t - Y^*_{Gt}\right) + b\left(\varepsilon_{dt} + \varepsilon_{st}\right)$$

该公式可以看作动态宏观经济增长模型（宗良、范若滢，2018），表示实际经济产出增长 ΔY_t 与 ΔY^*_{Mt}、ΔA_t。其中，Y_t 表示实际的经济产出，Y^*_{Gt} 表示受政府作用的潜在经济产出，A_t 表示完全市场环境下的潜在经济产出；代表全要素生产率的变动，其他代表相关常数和不

---

① 宗良、范若滢：《宏观调控的创新思维、模型构建与中国实施》，《国际金融研究》2018 年第 11 期。
② 宗良、吴丹：《国际贸易理论的创新思维与动态综合竞争优势转换——历史演进、理论创新和模型构建》，《武汉金融》2019 年第 7 期。

可观测随机冲击项。可以将此公式通过图 4 进行展示。图中从原点
到 Q 代表第一项，大体可看作一国某个时点的要素秉赋；Q 到 V 点线
代表第二项，可以看作"有为政府"发挥调控作用提高 A 国的全要
素生产率，引发 A 国的增长路径实现跨越式升级，提高至 $Y_t^{A'}$，随着
时间的推移，A 国将在 $t*$ 时刻的 V 点实现动态综合竞争优势的转换。
虚线代表宏观政策运用可从需求端对贸易产品竞争能力产生影响。

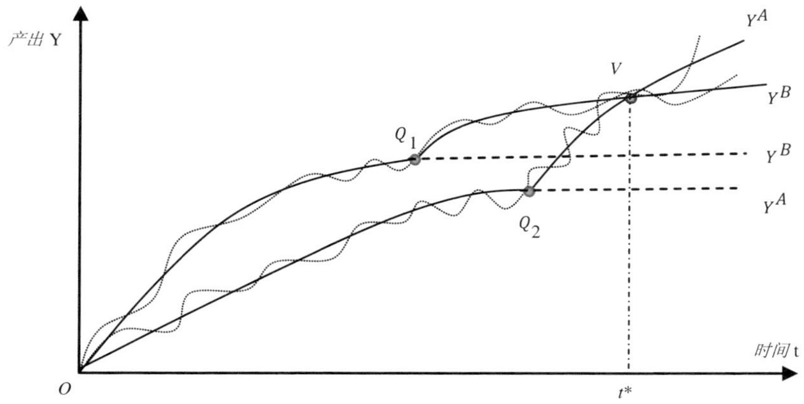

图 4   动态综合竞争优势转换点图

资料来源：作者整理。

    基于我们的创新贸易理论模型，两国交易产品不是简单由其要素
秉赋决定的，而是由其动态综合竞争优势决定的。动态综合竞争优势
的影响因素由初期要素秉赋和全要素生产率变动等决定。动态综合竞
争优势是可以改变的，并且存在一个转换点，即一国开始可能不具有
某行业或产品的比较优势，但如果此行业全要素生产率在该国具有较
高的提升空间，就可从供给端为该产业的发展创造有利的条件，提升
该产业的全要素生产率，从而改善产品的动态综合竞争优势。这意味

着一国具有比较竞争优势的行业或产品并不是不可超越的，另一国若具有一定条件并配合适当政策，实现产业的追及和超越是正常现象。

基于这一理论模型对国际贸易规则进行分析，可以得出结论：基于国际规则下的自由贸易发挥主导作用与有限的保护相结合。国际规则解决国际经贸的顺利运行和利益的基本平衡问题；自由贸易是全球相互联系和相互依赖的必然要求；有限的保护针对的是各国的核心利益关切，但保护必须有严格的条件和程序。维持相对公平的贸易条件和有限的保护有助于国际贸易的可持续发展。但公平贸易不等于一国利益的最大化，需要在国际规则的约束和协调下进行，一国法律也不能超越国际规则施加在其他国家之上，这才可保持国际贸易体系的大体平衡，避免出现恃强凌弱的局面。先进经济体应主动让渡一些技术促进落后经济体发展，不能以国内法的名义进行保护，这也是实现国际公平的一种方式。从具体形态上看，**WTO** 是目前国际经贸规则的最高形式，一些区域性自贸协定是国际规则的重要体现，双边协议也对国际规则发挥一定作用。从具体对策上看，影响两国产品竞争力和市场的措施都可能采取，包括关税、非关税壁垒、技术贸易限制、汇率、市场准入等。

国际经贸规则重构前景展望

当今世界正在发生百年未遇的巨大变革，"逆全球化"潮流涌动，单边主义、贸易保护主义甚嚣尘上。未来国际经贸规则重构走向是国际社会的一个重大课题，也将对全球产生重大而深远的影响。

（一）国际经贸格局更加多元、平衡，规则竞争仍是焦点

国际经贸规则变化是全球经贸需求转变的时代体现。国际经贸规则需要重塑，以适应科技信息时代下的高质量、高标准的需求。面对全球信息数字化的新时代需求，WTO 的成员们逐渐认识到现存体制存在的缺陷以及进行改革的必要性和紧迫性。各国根据自己利益主张不同的改革方案，2018 年以来美国、欧盟、加拿大等经济体先后就 WTO 改革发表书面意见，中国商务部根据事实情势提出了符合本国立场的三大原则和五项主张，以明确中国对 WTO 改革的态度和意见，这实际上展示了各国正在积极进行国际贸易规则重构的时代动态图景。新的国际经济、贸易及投资规则正在酝酿和形成中。

（二）自由贸易与保护贸易仍将并行存在，但自由贸易还是主流

近年来，随着信息科技应用的推广与国际经贸模式的新时代变化，全球贸易自由化、一体化程度不断提高。2017 年正式生效的《贸易便利化协定》（TFA）是国际贸易自由一体化进一步前进的重要标志，也被视为是本世纪最大的贸易便利化举措之一，其有利于国际贸易成本的大幅降低，也有利于扩大发展中国家和最不发达国家的收益空间。WTO 估计全面实施 TFA 可以使全球商品出口增加 1 万亿美元，其中向发展中国家增加 7300 亿美元，并平均减少 14%以上的贸

易成本。但与此同时，世界上也出现了以美国为首的单边主义、保护主义浪潮，不仅表现在限制性贸易政策的强度加大，而且有向投资领域扩散的迹象。自由贸易发展到一定阶段，保护贸易的做法就可能抬头。保护贸易一旦壁垒森严，自由贸易的呼声就会高涨，世界贸易就是在这种两极碰撞中讨价还价，在相互妥协中曲折发展。由于不同国家存在不同的比较优势和利益，各国通常希望自由贸易开拓市场，而通过保护措施保护本国市场。但市场经济逻辑告诉人们，自由贸易应是主流，与此同时一定程度的保护将持续存在。鉴此，国际贸易规则变革不应纠结是自由贸易还是保护贸易，而是找到一个合适的结合点问题。

（三）"三零规则"成为一个重要原则，但难以避免双重标准的使用问题

"三零规则"（零关税、零壁垒、零补贴）成为当前欧美等区域自由贸易协定谈判的重要内容，也预示了未来国际经贸规则的改革方向，体现了自由贸易应占主导地位的核心特征。2019年特朗普在七国集团（G7）加拿大峰会上提出了"三零目标"，并在美欧联合声明中写入了欧美之间的非汽车工业商品关税、补贴和非关税壁垒的目标措施。但"三零规则"只是代表了规则改革的趋势，并不预示着完全取消经贸区之间的壁垒。由于不同国家竞争力和核心利益的差异，未来较长时间内，所谓"三零规则"只是自由贸易的程度更高，保护的范围和程度更低而已，也难以避免双重标准的使用问题，比如说，美

国在与欧日讲"三零规则"时，一定会将汽车等列入例外，而欧盟也无法将农产品放在里面。也就是说是双重标准，自己竞争力很强的要求运用"三零规则"，而竞争力不强又是自己核心利益的领域必然难以实施。

（四）全球化数字贸易成为全球贸易的潮流

以世界电子商务贸易平台（e-WTP）为特征的数字贸易发展形式可望成为潮流。2016 年 3 月的博鳌亚洲论坛上，阿里巴巴创始人马云首次提出建立一个由私营部门发起，由政府、民间、企业三方共同参与的 e-WTP 世界电子贸易平台。e-WTP 将有助于推动全球跨境电子商务普惠式发展，帮助更多的发展中国家、中小企业进入全球市场，这代表了未来国际贸易的发展方向。作为全球最大且最具影响力的贸易组织，WTO 已开启电子商务谈判进程，以弥补其在数字贸易领域的规则缺位。2019 年 1 月 25 日，在瑞士达沃斯电子商务非正式部长级会议上，美国、中国和欧盟等共 76 个 WTO 成员签署《关于电子商务的联合声明》，确认有意在 WTO 现有协定和框架基础上，启动与贸易有关的电子商务议题谈判。数字贸易规则构建任重道远。

数字化贸易将成为国际经贸新规则的重要竞争焦点。信息科技的进步令数字化投资和贸易在国际经贸中的地位越来越突出，各国立足于自身利益和经济发展情况，纷纷在新一轮国际规则方面提出符合自己价值理念的数字贸易立场和主张。数字贸易国际规则的制定主要围绕 21 世纪数字贸易发展中表现出的新需求、新标准展开，尤其注重数字贸易时代下的知识产权保护、跨境数据自由流动和个人信息保护等方面。具备数字贸易竞争优势的欧美等发达国家正积极寻求在数字贸易规则制定中占据高点优势。例如，当前被 WTO 公布的、涉及数字贸易的 40 多个区域协定之中，有 32 个协定将数字贸易（电子商务）单独设章，这之中由美国主导的协定有 13 个，由欧盟主导的协定有 7 个，其余的协定也基本上由已与美欧签署协定后的国家或地区之间互相签署。

坚持合作共赢，完善全球治理，推动全球化稳步前行

面对"逆全球化"潮流，世界各国应该放眼大局、求同存异，为了人类共同利益而合作，建立健全一个相互信赖的可持续发展的国际经贸体系以及全球化治理规则。公平、公正、合理的国际贸易、国际合作规则的建立对于解决经济全球化发展带来的问题至关重要。

（一）拒绝双重标准，实现全球抗疫和经济恢复的协同推进

疫情极大冲击了人类文明理念。在本次疫情中，东西方展现出了明显不同甚至是互相对立的理念。应该说，双方的观点，站在各自逻辑的角度上都有道理，导致多数情况下互相指责，究其根源在于：双重标准或非理性标准。比较典型的表现是：中国把防控疫情放在首位，而一些国家可能会更加关注经济。中国采取了比较严格的措施，

但某些国家舆论则把这些严格措施说成没有自由，甚至与侵犯人权联系起来。东方人很容易也比较愿意接受戴口罩，但在多数西方国家戴口罩成为一个难题，甚至与限制自由相联系起来。凡此种种，我们难以简单给出清晰的答案，但如果拒绝双重标准和先入为主，从理性思维的视角，提高维度进行思考，降低维度解决问题，我们就能找到相对合理的答案。很简单，自由是非常重要的，这是单一维度思维，但如果提高维度进行思维，把疫情中遇到的生命、自由、方便等一系列问题综合考虑，视为一个综合的函数和权重关系，无疑必须把生命放在第一位，其次才是经济、自由等，而不是其他。

国际社会需要转变理念，坚持理性思维，拒绝双重标准，共同努力实现抗疫和经济恢复的协调推进。新冠病毒可能是人类历史上最难应对的灾难，需要全球共同面对。新冠肺炎疫情下全球支援抗击疫情，凸显出全球化的必要性。

（二）提升全球治理能力，加强国际平台协同和合作

新冠肺炎疫情的暴发使得改革全球治理更加迫切。未来全球治理体制应进一步朝着快速沟通、合同协作的方向深化。新冠肺炎疫情暴发以来，WHO 在信息发布、介绍防治经验、协调国际社会进行抗疫方面发挥了重要的作用。但抗击疫情包含医疗物资在全球范围内的供给、医疗物资的认证标准等与经济贸易相关的多个领域，在治理全球性突发危机时，各组织应提前加强沟通与交流，尽可能缩小合作前的时滞。

应进一步发挥现有国际合作平台的功能。现有国际合作平台为全

球治理提供了广阔的空间。应尽可能发挥二十国集团的沟通协调作用，加强全球的政策对话和交流。G20 由于具有广泛的代表性和较高的影响力，有能力协调共同进行全球治理。2020 年 3 月召开的 G20 领导人应对新冠肺炎特别峰会，通过把各成员国以及联合国、世界银行、IMF、WHO、WTO 等召集起来，使得各个组织进行合作，共同应对新冠肺炎疫情。其他平台如 APEC、IMF、WTO、金砖国家、"一带一路"等也应发挥相应的重要作用。在全球治理中，大国的作用对于全球治理有重要意义，中美、中欧、中俄等都应发挥更多更好的作用。大国之间呈现的复杂关系会使全球治理带有更多的不确定性。

（三）中国在全球化和国际经贸规则重构发挥更为重要的角色

作为最大的发展中国家经济体及新兴经济体的代表，中国应该积极参与到国际经贸规则构建进程中，赢得该属于自己的话语权。一是积极支持 WTO 等组织的变革，坚持多边、双边、区域多层次推动国际经贸规则变革。二是加快对自由贸易区的合作谈判，密切关注数字化产业的发展。三是作为最重要的发展中国家，在国际经贸规则改革中发挥应有的重要作用。四是加强与全球大多数国家的合作，争取在数字贸易规则构建中主动权和话语权，推动建立公平、透明、统一的规则框架。

（宗良：中国银行首席研究员；郭天涛：对外经济贸易大学统计学院博士研究生；韩森：北京大学经济学院硕士研究生）

参考文献

[1] 盛斌、黎峰：《逆全球化：思潮、原因与反思》，《中国经济问题》2020 年第 3 期。

[2] 郭周明：《逆全球化背景下国际经贸治理困境及中国路径选择》，2020（02）。

[3] 陈钧浩：《全球化经济的要素流动与国际贸易理论的发展方向》，《世界经济研究》2013 年第 17 期。

[4] 陈德铭：《全球化下的经贸秩序和治理规则》，《国际展望》2018 年第 6 期。

[5] 林毅夫：《新结构经济学的理论基础和发展方向》，《经济评论》2017 年第 3 期。

[6] 宗良、范若滢：《经济学理论从创新与黄金发展期》，《中国金融》2018 年第 14 期。

[7] 宗良、范若滢：《政府与市场"两只手"的有机结合——宏观经济理论历史演进、未来路径理论模型》，《金融论坛》2018 年第 4 期。

[8] 宗良、范若滢：《宏观调控的创新思维、模型构建与中国实践》，《国际金融研究》2018 年第 11 期。

[9] 宗良、吴丹：《国际贸易理论的创新思维与动态综合竞争优势转换——历史演进、理论创新和模型构建》，《武汉金融》2019 年第 7 期。

[10] [英] 戴维·赫尔德等：《全球大变革：全球化时代的政治、经济与文化》，社会科学文献出版社 2011 年版，第 17 页。

[11] Gourinchas, P.-O. & Rey, H. "External Adjustment, Global Imbalances and Valuation Effects", in *Handbook of International Economics*, G.Gopinath, E., Helpman and K.Rogoff（eds.）, 2014, pp. 585–645.

[12] Sajid Anwar & Sizhong Sun, "Trade Liberalisation, Market Competition and Wage Inequality in China's Manufacturing Sector", *Economic Modelling*, No. 4（2012）.

[13] Katie Lobosco, "Trump Says He will Go ahead with New China Tariffs that Would Hit iPhones, Toys", CNN, 2019–08–01.

[14] "Global Index of Economic Openness", A Report Published by the Legatum Institute in Partnership with Templeton World Charity Foundation, 2019, https:// www.li.com.

[15] Marc J. Melitz, 2003, The Impact of Trade on Intraindustry Reallocations and Aggregate Industry Productivity, 《Econometrica》.

[16] Abboushi, Suhail, 2010, Trade protectionism: reasons and outcomes, 《Competitiveness Review An International Business Journal Incorporating Journal of Global Competitiveness》.

[17] Georgiadis, Georgios, Grb, Johannes-Growth, 2016, real exchange rates and trade protectionism since the financial crisis, Working Paper.

[18] Larry E. Jones, Rodolfo E Manuelli, 1990. A Conves Model of Equilibrium Growth: Theory and Policy Implications, 《Journal of Political Economy》.

新时代中国特色金融发展之路

20 世纪中叶，金融业步入现代化，金融在世界各国都被视为资源配置、资产定价和风险管理的重要工具。改革开放初期，邓小平指出，金融是现代经济的核心。2008 年爆发次贷危机后，美国经济金融实力受到较大冲击，金融在大国兴衰中的作用突显，日益成为国际政治经济博弈的重心。[①] 从资产工具到经济核心再到国际博弈，金融的重要性不断上升。对正处在民族复兴关键期的中国而言，是时候全面研究金融如何推动国家崛起的议题了。

2019 年 2 月 22 日，习近平总书记在中共中央政治局第十三次集体学习时首次提出"走出中国特色金融发展之路"[②]。随着十八届三中全会以来中国金融治理理念和实践的演进，中国版"金融强国"战略

---

① 王文：《巨变中的世界呼唤政治金融学》，载《中国社会科学报》2017 年 7 月 1 日头版。
② 《习近平：走出中国特色金融发展之路》，《人民日报海外版》2019 年 2 月 15 日。

已初具雏形，金融助推国家崛起之势正在形成。

立足中国实际的金融发展

改革开放 40 多年来，推动中国金融业从小到大，从国内走向国际，取得了历史性的重大成就。尤其是党的十八大以来，银行、证券、保险、债券、信托、期货等多层次资本市场建设日趋健全。尽管目前中国金融市场结构、服务水平还不能完全适应高质量发展的需求，各类矛盾与问题也较多，但不能否认，中国已成为全球最大的银行业市场、全球前三大证券与保险业市场，是名副其实的全球金融大国。各项具有新时代特征的金融产品与工具如绿色债券、移动支付、普惠金融等的发展方面，中国均居世界领先地位。

取得这样的成就，并非易事。过去五六年，中国金融政策立足国情，从实际出发，准确把握了中国经济金融发展的特点与规律，逐渐走出一条中国特色社会主义的金融发展之路。

2013 年 11 月，党的十八届三中全会首次将"完善金融市场体系"放在"加快完善现代市场体系"框架下，提出 382 字的金融发展措施、金融监管改革与协调机制建设等内容，还提出让"资本的活力竞相迸发"，最终服务于"完善和发展中国特色社会主义制度，推动国家治理体系和治理能力现代化"的全面深化改革总目标。金融在改革进程中的地位凸显。

2015 年 10 月，"十三五"规划明确提出"提高金融服务实体经济效率"，针对多年以来金融"过热"趋势以及实体经济融资成本和难度上升等现实弊端，为金融"脱虚向实"提供了战略部署与规划指引。金融服务的功能、金融与实体经济的关系得以进一步明确。

2017 年 4 月，中共中央政治局首次就维护国家金融安全进行集体学习，指出"金融活、经济活；金融稳，经济稳"的金融重要基础作用，将金融安全提升到"国家安全"与"治国理政"的战略高度。这次集体学习后，"全国一盘棋的金融风险防范格局"加速形成，此后历年经济工作会议，"防风险"均被视为决胜全面实现小康社会进程的三大攻坚战之一。

2017 年 7 月，五年一度的全国金融工作会议明确了金融工作的三项任务，即"服务实体经济、防控金融风险、深化金融改革"，强调要加强党对金融工作的领导，金融被定位为"国家重要的核心竞争力"。

2017 年 10 月，党的十九大报告在"贯彻新发展理念，建设现代化经济体系"框架下有 104 字关于"金融"的论述，将金融与实现"两个一百年"奋斗目标、实现中华民族伟大复兴的中国梦紧密相联。

2018 年 4 月，习近平总书记在博鳌亚洲论坛年会开幕式上发表主旨演讲，指出放宽银行、证券、保险行业外资股比限制的重大措施要确保落地，拓宽中外金融市场合作领域。① 金融开放成为金融业竞争力提升的必由之路，也成为中国全方位开放的重中之重。

---

① 习近平：《开放共创繁荣 创新引领未来——在博鳌亚洲论坛 2018 年年会开幕式上的主旨演讲》，2018 年 4 月 10 日，见 http://www.xinhuanet.com/politics/2018-04/10/c_1122659873.htm。

2019 年 2 月 22 日，中共中央政治局就"金融"主题再次举行集体学习，不仅首次强调"走中国特色金融发展之路""正确把握金融本质""深化金融供给侧结构性改革""经济是肌体，金融是血脉"等多个新提法，还首次提出"财政与货币双逆周期调节作用""稳步推进金融业关键信息基础设施国产化"等具体的金融服务要求，更数次强调要根据国际形势推动金融业的高质量发展，提高参与国际金融治理能力。

至此，在海洋强国、文化强国、科技强国、质量强国、航天强国、网络强国、交通强国多个重要战略部署之后，中国版"金融强国"战略日益清晰化。

中国金融发展道路有别于欧美国家

应该说，过去五六年来，从金融改革、金融服务、金融安全再到金融开放的理念演进，既是对中国现实复杂国情的针对性措施，也是对国际形势变化的经验性总结；既借鉴了欧美发达国家金融发展的诸多成功之处，也吸取了其在金融领域暴露的诸多风险与弊端。归纳起来，大体有以下几点：

金融的关键是加强党的领导。这是中国金融发展有别于欧美国家的根本特征。在中国，金融安全是关系经济社会发展全局的战略性、根本性问题，也是关系治国理政的一件大事。套用欧美战略史上的那句名言，"战争太重要了，不能交给将军们"；在中国，金融太重要，不能交给银行家们。坚持党对金融工作的领导，是中国发展完善金融体系的制度优势。党领导金融工作，金融改革发展才能确保正确方向，才能真正促进经济健康发展，保障国家的金融安全与金融法治。在这个过程中，提高领导干部金融工作能力非常重要。习近平总书记反复强调，要培养、选拔、打造一支政治过硬、作风优良、精通金融工作的干部队伍，特别是要努力建设一支宏大的德才兼备的高素质金融高端人才。[①]

金融的本质是服务实体经济。金融回归服务实体经济，是新时代下中国金融工作的特殊要求，也是区别于发达国家对金融本质理解的显著特征。西方金融学教科书中，金融被理解为跨时空的价值交换，与经济发展相对独立。然而，中国使金融本质回归本源。服务实体经济是金融的天职，金融与实体经济共生共荣。金融活了、稳了，经济就活、就稳；经济兴了、强了，金融就兴、就强。"经济是肌体，金融是血脉"，这是对金融本质与规律认识的重大进步。基于这种理念，增强金融服务能力，优化融资结构，强化财政与货币政策双逆周期调节，丰富金融产品，构建多层次、广覆盖、有差异的银行体系，精准支持民营企业等将资金导向实体经济的政策导向，成为党的十八大以来金融政策的主线。

守住金融的底线是不发生金融危机。中国充分认识到，在网络化与全球化双重加速运行的时代，防范金融风险是永恒的主题，绝不允许每十年一次金融危机的美国式周期律在中国上演。一旦系统性金融

---

① 阳立高：《努力建设高素质金融人才队伍》，《人民日报》2019 年 8 月 9 日。

危机的底线守不住，所有金融工作将功亏一篑，甚至改革开放的成果也将付之东流。基于这个理念，中国将主动防范金融危机、化解金融风险放在更重要的位置，早识别、早预警、早发现、早处置，着力防范金融风险。2017 年成立国务院金融稳定发展委员会，坚决整治严重干扰金融市场秩序的行为，强化对金融机构的主体责任，加强金融市场基础设施建设，动用各种科技手段与协调机制，将所有资金流动置于金融监督视野之内。这正是中国与西方金融发展周期律不同的原因。在过去 40 年，中国是全球唯一没有发生过系统性金融风险的大国，也是唯一将金融监管的重要性置于国家发展战略顶层设计的发展中大国。

金融的方向是深化供给侧结构性改革。改革永远在路上。为贯彻新发展理念，中国金融更要注重在存量重组、增量优化、动能转换上的供给侧改革。欧美国家的金融监管机制演变了上百年，是基于市场自由逻辑下的监管后置理念，往往只在金融危机后才有逼迫监管改革的动力。中国金融发展的时代背景更复杂与多元，监管改革的任务兼具防风险与稳增长的双重使命，唯有拥有永不停歇的改革自觉意识，直面现实，才能找到改革的突破口与立足点。基于这样的理念，近年来中国在普惠金融、小微金融、农村金融、基建金融、金融扶贫、绿色金融等重点领域，集中发力，有效弥补了高质量发展进程中金融服务不足的短板。更重要的是，通过金融开放，倒逼金融业的改革，促进金融服务质量的加速提升。在 G20、金砖机制、"一带一路"倡议上推动资金融通，创建亚投行、金砖国家新发展银行等国际多边金融机构，推动参与国际金融治理，极大提升了中国金融国际话语权。①

综上所述，中国金融应强调普惠性，服务于实体经济发展，服务于人民的美好生活；中国金融不能周期性地发生危机，而应在尊重市场规律的前提下守住不发生金融风险的底线；中国金融一方面应对接全球金融体系现存的固有框架与国际规则；另一方面也应推动金融监管、金融机制、金融治理、金融机构、金融产品、金融服务、金融基础设施等方面的改革与创新，为此向世界提出中国方案。中国金融不只是少数人的工具，而是坚持党的领导，回归于全国、全民与全社会。

有别于近现代化进程中欧美国家的演变，中国金融业的发展一直在学习发达国家经验，同时立足于中国现实，借鉴发达国家金融业中的经验教训，并肩负起助推民族复兴、国家崛起与社会发展的多重任务，而这正是中国特色的金融发展之路。

没有金融崛起，终难有大国崛起

现代大国的竞争，已跨越了军事战争的方式。核武器制衡了大国战争的爆发冲动，战争的巨大破坏力使其成为一项不合算的高成本决策考量。21 世纪，金融却越来越成为大国博弈的政策优先项。2019年 2 月 22 日中共中央政治局第十三次集体学习中多次警示，"要深化

---

① 张红力等：《中国金融与全球治理》，中信出版集团 2016 年版。

对国际国内金融形势的认识""适时动态监管国际国内的资金流向流量""提高金融业全球竞争能力""提高开放条件下经济金融管理能力和防控风险能力，提高参与国际金融治理能力"①，等等，都是基于对金融已上升为大国博弈重要工具的战略认识。

纵观近代化以来的 500 年大国兴衰史，大国发展的进程一定程度上能浓缩为"金融强国史"。货币兴，则国兴；金融强，则国强。从荷兰到英国再到现在的美国，金融一直扮演着现代世界强国发展进程中的实力助推机、冲突缓冲垫、资源整合器等作用。②

当前，中国已是全球金融大国，但仍不算是全球金融强国。中国金融业的各项总量指标都居世界领先或前列的位置，但金融服务与发展质量与美国、英国、日本、德国、瑞士等仍有相当大的差距。中国各大城市如上海、深圳等地金融中心建设卓有成效，但重要性离纽约、伦敦甚至新加坡、东京等还有不少差距。中国的对外投资、人民币国际化近年来突飞猛进，但中国金融国际话语权仍跟不上中国作为全球第二大经济体的形势。

当今世界正处在前所未有之大变局，金融业也是如此。党的十八大以来，中国金融业的发展正坚定地走在中国特色社会主义道路上，金融推动国家崛起的战略日益明晰，但真正有效的"金融强国"战略应源于推动国内发展的实效与提升全球治理的成果。

---

① 《习近平：深化金融供给侧结构性改革 增强金融服务实体经济能力》，2019 年 2 月 23 日，见 http://www.xinhuanet.com/politics/teaders/2019–02/23/c_1124153936.htm。
② 王文等：《金融视角下的中国崛起：概念、条件和战略》，《当代金融研究》2018 年第 3 期。

从国内看，"金融强国"应实现让人民生活越来越富庶、贫富差距越来越缩小、让实体经济越来越强大的战略目标。在这方面，积极开发个性化、差异化、定制化的金融产品，增强中小金融服务机构，提升对小微企业、民营企业与"三农"的金融服务，让风险投资、银行信贷、债券市场、股票市场等全方位与多层次的金融体系，真正发挥服务社会、建设诚信体系、保护生态环境的作用，更重要的是坚持在推动高质量发展进程中，防范化解金融风险，应是"金融强国"战略的国内目标。

从国际看，"金融强国"应实现加速人民币国际化、提升中国配置国际资源的能力、加强中国金融国际话语权的战略目标。在这方面，培养国际化金融人才，加大金融双向开放，加强金融服务的效率尤其是比肩国际一流标准的服务效率，通过政策性金融手段帮助发展中国家经济增长，创新构建国际金融安全网，推动国际金融体系的改革，实现全球金融治理的民主化、公平化，应是"金融强国"战略的国际目标。

当前，在单边主义、民粹主义与逆全球化思潮盛行的今天，"金融强国"战略牵一发而动全身。要真正构建并有效实施，还需付出艰辛的努力。但相信假以时日，金融终将助推中华民族伟大复兴梦想的实现。

（王文：中国人民大学重阳金融研究院执行院长、特聘教授，国务院参事室金融研究中心研究员，《当代金融研究》杂志学术委员成员兼特邀评论员）

现代化进程漫谈

2020 年是见证历史的一年，从年初日渐严重直至在全球蔓延的疫情，随之金融市场的剧烈动荡、国内的洪水、粮食问题等，让身处时代漩涡的人应接不暇，也深感变局"在"至。

恰巧在朋友处看到北京师范大学出版集团的新书《百年变局》。翻开书的目录：政势之变、经济之变、数字之变，从这三大部分探讨"变局"，确实是看百年时势不可脱离的领域。其中，一个小标题引起了我的注意，"现代化的第五层楼"。

大概 30 多年前，国内曾有一段有关现代化探讨的热潮，那时我还年轻，曾有过关注，对于现代化几个字也是总念念不忘：究竟什么是现代化？如何才算现代化？国际局势情势的风云变局里，如何理解时代的主线，等等。

从 18 世纪后半段起，在工业革命的推动下，世界开始渐渐从传统的农业社会向现代工业社会转变，几百年来，我们实际上一直处在现代化的进程之中。国际上对它的研究讨论，在 20 世纪六七十年代曾有过一次高潮。那是第二次世界大战结束不久，第一次世界大战后确立的凡尔赛—华盛顿统治秩序被彻底打破，欧洲曾经的中心地位不再，美国崛起，苏联实力增长，世界的政治、经济、军事格局彻底发生变化，华沙条约组织成立后世界两极格局彻底形成。面对这样的世界新格局，人们渴望在战后百废待兴的"变局"中找到新的理解世界的范式，现代化的研究热潮从那时起渐渐而起。

中国，约 180 年前，相对独立的文明进程被坚船利炮代表的工业文明打断，被动地卷入了世界的现代化进程，从轮船招商局、体用之辨起，就在这条脉络上颠簸起伏，从困窘到追赶，从挫折到崛起与共建。其间，有关现代化的思考一直或明或隐地贯穿其间。

20 世纪 30 年代，国内的知识界曾有过一次关于现代性的讨论。1933 年 7 月，《申报月刊》在创刊周年之际推出"中国现代化问题号"特辑，展开了有关中国现代化的大讨论：阻碍中国现代化的什么？中国现代化需要什么先决条件？

当时国际上，1929 年开始，西方资本主义世界发生空前严重的经济危机，而国内正是民族资本主义兴起之时，国内的纺织业、制造业有了很大的发展，并偿还了之前北洋政府欠下的大量外债。工商业阶层和新兴知识分子阶层随着社会经济的发展而迅速在社会中占据了一定位置，有了相当的话语权。与此同时，世界经济危机的传导效应让已经更深嵌套在世界经济体系之中的日本遭遇沉重打击，为转移国内矛盾，也因面对中国越来越强烈的收复主权的呼声，之后九一八事变发生，日本大举侵华。而此时的苏联，利用西方受大规模经济危机影响向外界倾销产品，输出资金的时机，成立专门的"外国咨询机构中央局"，通过外设贸易机构和银行等方式，从西方引进大量先进技术，以及资金和人才，建立了一批重要工业部门，社会主义工业化发展进入了一个新的阶段。20 世纪 30 年代国内有关现代化的大讨论就此背景下展开，其中，对现代化是不是就是工业化？农业化与工业化孰前孰后？是资本主义道路还是社会主义道路？自由经济还是计划经济？现代化与法治的关系，以至中国如何合理利用外资等等问题进行了讨论。

这是中国有关自身发展道路一次次的追问中的一次。在之前，从鸦片战争开始，到洋务运动、维新变法、清末新政，辛亥革命、五四运动，人们对中国道路的讨论更多是"中西"之争，关键词之一是"西化"，而自《申报月刊》引发的这次讨论起，讨论主题由"西化"转变为"现代化"，这是现代化这一概念第一次在国内出现，所谈内容开始与工业化等社会经济领域更为密切。时至今日，看当时的讨论题目，和今天关注的话题还是颇有相通之处。

那时距今天已近百年，这一个世纪世界的时钟似乎都调快了节奏。国际格局自从第二次世界大战后发生了巨大的变化。

其间，1979 年，威廉·阿瑟·刘易斯（William Arthur Lewis），由于开创性地研究了发展中国家在发展经济中应特别考虑的问题，而获诺贝尔经济学奖。他最重要的理论贡献即是二元经济理论模型，认为发展中国家的经济由两个不同的经济部门构成，一个是传统部门，另一个是现代部门，经济发展依赖现代工业部门的不断扩张，而现代工业部门的扩张需要农业部门提供丰富的廉价劳动力。这也反映在他对现代化的理解之中：现代化的过程就是不断减少传统农业部门的重要性，建成一个发达的资本主义社会的过程。这一过程首先由英美等发达的中心国家开始，经过工业化得以实现，而处于边缘国家的现代化只有两种选择，或模仿中心国的工业化，或通过了中心国的经济联系为工业化创造条件。这样看来，刘易斯眼中的现代化，实际上就是以西方资本主义为仿效对象、全面推行工业化进而实现"西化"的过程。在我的印象里，到目前，许多层面上的现代化讨论还是走在这条理解线上，美国依然或多或少还是参照的式样。

但世界20世纪70年代后的这轮变化，呈现出非常不一样的图景。发展中国家在经典现代化的路上，以工业化、城镇化为特征；可是发达国家则进入以非工业化（工业转移＋工业升级）、非城镇化（城市扩散＋信息化）、知识化和全球化为特征的新现代化轨道。这一阶段，国际环境相对稳定，经济发展对国际市场的依赖加强，包括信息技术、生物技术、能源技术、空间技术、海洋技术等在内的诸多技术领域取得突破性进展，成为经济高速增长的重要源头，也让遥远时空中的事件对我们的影响更为直接与加剧，全球化进程不断加快，后现代化、生态现代化、可持续发展等视角开始切入。

作为一个在这个阶段出生、接受教育、工作的亲历者来说，直观感受是日新月异的城市面貌，人们各自追赶不及的生活节奏，一切都在变快。在工作中，在每年的国际国内经济数据里，一面见证经济总量不断攀升，另一面也感受着更广泛更频繁的经贸摩擦、更复杂金融市场的创建、霸权国家频频的金融制裁，全球经济组织方式剧烈变动，地区冲突等，金融危机、环境危机、资源危机，气候危机、公共卫生危机，以及人们的精神危机、道德危机等问题，变得更为突出与困扰。1997年，由泰国宣布放弃固定汇率制度，实行浮动汇率，而迅速波及菲律宾、印度尼西亚、马来西亚、中国香港、韩国、日本；十年后，2008年的国际金融危机，全球金融市场哀鸿遍野的局面至今想起依然让人心有余悸。危机让人们对系统性风险有了更深认识，而世界的现代化进程也正在日益呈现出系统性的特点。

著名社会学家塔尔科·帕森斯（Talcott Parsons）曾表示说，社会变迁，决定社会结构的子系统：经济、政体、模式维持和紧张处理子系统就都会跟随有相应的变化，社会在其中向现代过渡。在这半个世纪，这些因素都在发生根本性的变化。

《百年变局》一书中说：世界的现代化进程，尤其是二战之后的现代化进程，可以说与系统工程化进程是同一个过程……当今世界被系统工程在三个层次上重塑了，这三个层次是物理层、组织层和文化层。 就在这篇文章最开头提到的那一个小节中，作者提到"从工业革命至今，工业社会的发展盖了'五层楼'，①标准化、②批量化、③系统化、④信息化、⑤智能化"。

书中提到的这五层楼的前两个，①标准化、②批量化，让我想到马尔库塞1964年出版的《单向度的人》，其中探讨了发达工业社会压抑人的自由，整个社会日益向商业化、物质化、机械化、标准化发展，而这似乎正是发达工业国家过去高速发展的现实特点呈现，而对后三层楼③系统化、④信息化、⑤智能化，应该是全球化真正开始加速之后而才日益鲜明呈现出的特点。

作者对它们也做了具体的描绘。"系统化意味着一体化，它带来全球化。工程呈网络状在世界上延伸，要求所到之处均按统一标准运行。""信息化意味着重整化，它带来信息空间……信息被汇总到数据库为现代世界带来了重新发现，重新组织利用时空的可能性。""智能化指向解放人类双手。"作者认为，从认识论来说，标准化、批量化、系统化、信息化和智能化五个方面实际上就是当代的"现代化"。

网络、数据都是 20 世纪后才日益频繁出现在人们日常的词汇。网络，不论是相对"实体"的互联网，还是由交通、贸易，资金，甚至是社会群体心理所构建起来的无形网络，重新构建了时空。人们是从过往更为垂直的体系中，"被拉平"到一个个不同的相对平面的"圈层"网络中，世界过往的疆界与限制不复存在，在新的更为虚拟的"网络"世界里，它们被重新定义，而定义的基础是知识与信息，并在这些知识与信息的基础上形成新的规则与生态。

这一次的变局不再是过往"西化"的延伸，而涉及底层逻辑。也是因为这样，全球化曾经的主推手美国不遗余力地开始"逆行""退群"，这个世界真能回到各自居于一隅的时代吗？应该已经不再可能；新的格局在行进中，跳动着网络身影的现代化进程不可能回退。

2017 年 12 月 28 日，习近平总书记在北京人民大会堂接见回国参加 2017 年度驻外使节工作会议的全体使节并发表讲话，正式提出"百年未有之大变局"的重要论述。

2018 年 12 月，中央经济工作会议确定 2019 年重点工作任务时提出"加强人工智能、工业互联网、物联网等新型基础设施建设"，新基建首次出现在中央层面的会议中。

2019 年，中国与"一带一路"合作伙伴货物贸易总额已经超过 1.3 万亿美元，同比增长 6%，中国新增投资 150 亿美元。2020 年第一季度，中国同共建"一带一路"合作伙伴贸易额同比增长 3.2%，直接投资同比增长 11.7%。

中国正在现代化进程中探索。《百年变局》的作者谈到，中国对于西方的变化和自身道路的探索，不仅仅始于西方衰落的反思，也包含对如苏东剧变等社会主义道路存在问题的深刻反思。上面两个方面的统一，构成了世界社会主义运动陷入低潮的条件下中国应对西方压力和发展自我的基本立场和实践取向。

现代化是一个社会整体变迁的过程。几个世纪前源自西欧，并在 19 世纪和 20 世纪延伸到其他世界所有的国家的变革带了世界性的转变，当下，我们又走到了一次特别的节点。尤其是此次全球暴发的新冠肺炎疫情，加之随之而来的禁航禁运、金融动荡、贸易冲突、石油危机、大水漫灌式的政策选择、行业大面积受到冲击，让后疫情时代会如何发展，是不是一场新的世界性转变？这些问题都成为热议之题。中国作为全球性的大国，人类命运共同体的倡导者，有必要积极参与，与世界合力克服挑战。

近百年来，人类的知识前所未有的增长，对世界的"控制"也前所未有的增长，但世界的失控也从未消止，经济危机、社会动荡、格局转变，现代化路上人们面临的颠簸更甚。这本《百年变局》的几位作者精心梳理了百年变局到人类命运共同体进程中的图景、演进、变革、博弈与趋势，对关心当下和未来的人来说颇有启发之处。亨廷顿说，从传统性向现代性的转变之大"只有一万年以前游牧民族向定居农民的转变才可与之比拟",这一次的变局也许是再一次如此之大的改变,身处其间的我们都无可回避,需迎面而上。

(蒋万进:中国金融出版社社长)

责任编辑：曹　春

封面设计：汪　莹

图书在版编目（CIP）数据

中国金融软实力：金融强国新支撑／中国人民大学重阳金融
　研究院 编著 . —北京：人民出版社，2021.10

ISBN 978－7－01－023383－3

I. ①中⋯　II. ①中⋯　III. ①金融－研究－中国　IV. ① F832

中国版本图书馆 CIP 数据核字（2021）第 078578 号

中国金融软实力

ZHONGGUO JINRONG RUANSHILI

——金融强国新支撑

中国人民大学重阳金融研究院　编著

人 民 出 版 社 出版发行

（100706　北京市东城区隆福寺街 99 号）

北京盛通印刷股份有限公司印刷　新华书店经销

2021 年 10 月第 1 版　2021 年 10 月北京第 1 次印刷
开本：710 毫米 ×1000 毫米 1/16　印张：12.25

字数：143 千字

ISBN 978－7－01－023383－3　定价：58.00 元

邮购地址 100706　北京市东城区隆福寺街 99 号
人民东方图书销售中心　电话（010）65250042　65289539

中国人民大学重阳金融研究院图书出版系列

一、智库新锐作品系列

王文、贾晋京、刘玉书、王鹏：《百年变局》，北京师范大学出版社 2020 年版。

王文、刘玉书：《数字中国：区块链、智能革命与国家治理的未来》，中信出版集团 2020 年版。

二、智库作品系列

达尼洛·图尔克：《转型的世界：对国际体系、中国及全球发展的思考》，2020 年 12 月。

刘元春主编：《战疫——让世界更了解中国》（中、英文版），外文出版社 2020 年版。

石俊志：《世界古国货币漫谈》，经济管理出版社 2020 年版。

王文、贾晋京、刘英等：《负利率陷阱：西方金融强国之鉴》，中国金融出版社 2020 年版。

吴晓求等著，王文主持：《探讨中国发展之路——吴晓求对话九位国际顶级专家》，中国经济出版社 2020 年版。

庄毓敏主编，王文执行主编：《成就、思考、展望——名家解读新中国 70 年辉煌成就》，中国经济出版社 2020 年版。

王文、周洛华等：《货币主权：金融强国之基石》，中国金融出版社 2020 年版。

王文、[俄] 谢尔盖·格拉济耶夫主编：《开启亚欧新时代：中俄智库联合研究两国共同复兴的新增量》，人民出版社 2019 年版。

王文、贾晋京、卞永祖等：《大金融时代——走向金融强国之路》，人民出版社 2019 年版。

吴晓求主编：《中国改革开放 40 年与中国金融学科发展》，中国经济出版社 2019 年版。

格拉济耶夫：《最后一场世界大战：美国挑起与输掉的战争》，世界知识出版社 2019 年版。

中国人民大学重阳金融研究院主编：《强国与富民》，中国人民大学出版社 2019 年版。

王文：《强国长征路：百国调研归来看中华复兴与世界未来》，中共中央党校出版社

2019 年版。

刘伟主编：《"一带一路"这五年的故事》（7 本六大语种），外文出版社 2019 年版。

周洛华：《货币起源》，上海财经大学出版社 2019 年版。

罗思义：《别误读中国经济》，天津人民出版社 2019 年版。

王文：《看好中国》英文版，英国莱斯出版社 2018 年版。

刘伟主编：《中国改革大趋势》，人民出版社 2018 年版。

程诚：《造血金融与一带一路：中非发展合作新模式》，中国人民大学出版社 2018 年版。

王利明主编：《新丝路、新格局——全球治理变革的中国智慧》，新世界出版社 2018 年版。

陈晨晨：《富豪政治的悖论与悲喜》，世界知识出版社 2018 年版。

郭业洲主编：《"一带一路"民心相通》，人民出版社 2018 年版。

王文：《看好中国：一位智库学者的全球演讲》，人民出版社 2017 年版。

何亚非：《风云激荡的世界》，人民出版社 2017 年版。

刘伟主编：《读懂"一带一路"蓝图》，商务印书馆 2017 年版。

王文、刘英：《金砖国家：新全球化发动机》，新世界出版社 2017 年版。

费伊楠、人大重阳：《全球治理新格局——G20 的中国贡献于未来展望》，新世界出版社 2017 年版。

刘伟主编：《"一带一路"故事系列丛书》（7 本 6 大语种），外文出版社 2017 年版。

何伟文：《世界新平庸　中国新思虑》，科学出版社 2017 年版。

王义桅：《一带一路：中国崛起的天下担当》，人民出版社 2017 年版。

刘戈：《在危机中崛起：美国如何实现经济转型》，中信出版集团 2017 年版。

中国人民大学重阳金融研究院、中国人民大学生态金融研究中心：《绿色金融与"一带一路"》，中国金融出版社 2017 年版。

中国人民大学重阳金融研究院：《破解中国经济十大难题》，人民出版社 2017 年版。

王文：《伐谋：中国智库影响世界之道》，人民出版社 2016 年版。

王文、贾晋京编著：《人民币为什么行》，中信出版集团 2016 年版。

中国人民大学重阳金融研究院：《中国—G20（大型画册）》，五洲传播出版社 2016 年版。

中国人民大学重阳金融研究院：《G20 问与答》，五洲传播出版社 2016 年版。

辛本健编著：《全球治理的中国方案》，机械工业出版社 2016 年版。

中国人民大学重阳金融研究院：《"一带一路"国际贸易支点城市研究》（英文版），新世界出版社 2016 年版。

中国人民大学重阳金融研究院：《2016：G20 与中国》（英文版）新世界出版社 2016 年版。

王义桅：《世界是通的——"一带一路"的逻辑》，商务印书馆 2016 年版。

罗思义：《一盘大棋——中国新命运的解析》，江苏凤凰文艺出版社 2016 年版。

王文：《美国的焦虑：一位智库学者调研美国手记》，人民出版社 2016 年版。

中国人民大学重阳金融研究院：《2016：G20 与中国》，中信出版集团 2016 年版。

中国人民大学重阳金融研究院主编："一带一路"国际贸易新格局："一带一路"智库研究蓝皮书 2015—2016》，中信出版集团 2016 年版。

中国人民大学重阳金融研究院主编：《G20 与全球治理：G20 智库蓝皮书 2015—2016》，中信出版集团 2015 年版。

中国人民大学重阳金融研究院：《"一带一路"国际贸易支点城市研究》，中信出版集团 2015 年版。

黑尔佳·策普-拉鲁什、威廉·琼斯主编：《从丝绸之路到欧亚大陆桥》，江苏人民出版社 2015 年版。

王永昌主笔 & 主编：《财富新时代——如何激活百姓的钱》，中国经济出版社 2015 年版。

陈雨露主编：《生态金融的发展与未来》，人民出版社 2015 年版。

绿色金融工作小组：《构建中国绿色金融体系》，中国金融出版社 2015 年版。

王义桅：《"一带一路"机遇与挑战》，人民出版社 2015 年版。

庞中英：《重塑全球治理——关于全球治理的理论与实践》，中国经济出版社 2015 年版。

徐以升：《金融制裁——美国新型全球不对称权力》，中国经济出版社 2015 年版。

陈雨露主编：《大金融与综合增长的世界——G20 智库蓝皮书 2014—2015》，中国经济出版社 2014 年版。

中国人民大学重阳金融研究院主编：《欧亚时代——丝绸之路经济带研究蓝皮书 2014—2015》，中国经济出版社 2014 年版。

中国人民大学重阳金融研究院主编：《重新发现中国优势》，中国经济出版社 2014 年版。

中国人民大学重阳金融研究院主编：《谁来治理新世界——关于 G20 的现状与未来》，社会科学文献出版社 2014 年版。

三、学术作品系列

刘庭竹：《经济政策不确定性与微观企业行为研究》，中国人民大学出版社 2020 年版。

刘伟主编，王文执行主编：《"一带一路"大百科》，崇文书局 2019 年版。

马中、周月秋、王文主编：《中国绿色金融发展报告2019》，中国金融出版社2019年版。

吕冰洋：《轻与重：中国税收负担全景透视》，中国金融出版社2019年版。

马中、周月秋、王文主编：《中国绿色金融发展报告2018》，中国金融出版社2018年版。

吴晓求主编：《全球视野下的金融学科发展》，中国金融出版社2018年版。

王文、翟永平主编：《"一带一路"投资绿色标尺》，人民出版社2018年版。

王文、翟永平主编：《"一带一路"投资绿色成本与收益核算》，人民出版社2018年版。

马中、周月秋、王文主编：《中国绿色金融发展报告2017》，中国金融出版社2018年版。

刘志洋、宋玉颖：《互联网金融风险与监管研究》，中国金融出版社2017年版。

郑志刚：《从万科到阿里——分散股权时代的公司治理》，北京大学出版社2017年版。

中国人民大学重阳金融研究院：《金融杠杆与宏观经济：全球经验及对中国的启示》，中国金融出版社2017年版。

马勇：《DSGE宏观金融建模及政策模拟分析》，中国金融出版社2017年版。

朱澄：《金融杠杆水平的适度性研究》，中国金融出版社2016年版。

马勇：《金融监管与宏观审慎》，中国金融出版社2016年版。

庄毓敏、陆华强、黄隽主编：《中国艺术品金融2015年度研究报告》，中国金融出版社2016年版。

四、金融下午茶系列

董希淼：《有趣的金融》，中信出版集团2016年版。

刘志勤：《插嘴集》，九州出版社2016年版。

刘志勤：《多嘴集》，九州出版社2014年版。

中国人民大学重阳金融研究院主编：《金融是杯下午茶》，东方出版社2014年版。